田中國介
松井　裕
編

京の旨味を解剖する

人文書院

京の旨味を解剖する　目次

京の旨味を解剖する

はじめに

京都は千年の都といわれます。

桓武天皇が京都に都を定めて以来ですから、およそ一〇〇〇年間、日本の首都であり、政治、経済、文化の中心でした。そのため長年にわたり、日本各地、あるいは外国からも多くの人々が集まり、各種の文化が出入りし、「食」の面においてもさまざまな食材が入ってくるとともに、料理方法、食べ方に至るまで変化がもたらされました。そういった変化の中で、人々に受け入れられる「食」の形や味が次第に定着していったものと思われます。

そして長い歴史と人々の創意工夫の結果、日本の代表的な食形態となっているものも京都から多く生まれました。

京懐石、宇治茶、伏見の酒、豆腐や湯葉を始めとする大豆食品、京漬物、京野菜など、京都には全国で高く評価されている食材、料理がいろいろと残っています。そのため、京都の食に関する案内書は、これまでに無数といってよいほどに書かれてきました。しかし、科学的に分析されたもの、とくに料理と食材のおいしさの理由についての化学的背景に関連して解説された書物はほとんど見当たりません。

そこで本書は、多々ある京都の食べ物に関する紹介書とは一味違えて、単なる事物の紹介ではなく、平安の都の時代から今日に至るまで京都に暮らしてきた人々が、健康を維持し、生きてゆくために食べてきた食材・食品について栄養学的、生物学的、食品化学的、さらに植物学的に考察を加えて、京都の食事の特色について科学、とくに化学を通じて考察することを意図しました。

本書の執筆者たちは必ずしも食の専門家ばかりではありませんが、それぞれの専門の立場から京都の食材や食形態について考えていただきました。長年京都に住み、教鞭をとり、研究を続けてきた経緯から京都の文物、習慣などについても見識が深く、解説していただいた話題はそれぞれの先生にとって最適なものであると思われます。

最初に、京都の料理として独特の形態を整えてきた懐石（会席）料理の形成過程を上田氏に解説していただきました。京都の食事は禅寺を通じてその基本形態がつくられた過程が的確に理解いただけると思います。

また、食物として満腹感や栄養の面での効用を期待することは出来ませんが、食事に深みを与える食材のひとつとして、なくてはならない古くからの調味料である「七味とうがらし」について齊藤、市原の両氏に解説をお願いしました。

日本酒については辻本と松井が担当しました。京都伏見の酒は全国的に知名度が高く、地域の特産物といえます。酒に関する解説はこれまでに多くなされていますが、ここでは生化学とバイオテクノロジーの観点から解説しました。

茶に関しても古くから宇治茶の名で知られるとおり、茶の生産に関しては京都独特の工夫がなされ、今日のブランドが確立した経緯があります。しかし、歴史的な技術にのみ依存することなく新しい革新的な技術への挑戦が、現在も京都においてなされていることを米林氏に紹介していただきました。

禅寺での精進料理の重要な構成要素である大豆製品、特に豆腐と湯波（湯葉）については、タンパク質化学の視点から岩見氏に解説いただきました。豆腐はもともと中国大陸にその起源を持ち、現在では日本に定着した基本食材のひとつになっていますが、歴史的にはその発達に京都の果たした役割が大きいことが分かります。

漬物も我々日本人にとって欠かすことの出来ない重要な食材ですが、その発達に関しても京都の役割には大きなものがありました。大西氏には京都市に限定せず京都府内を視点にして京都の漬物について語っていただくと同時に、漬物が形成される科学的メカニズムについても解説していただきました。

最後の米の話には、日本の米と京都とのつながりについて京都人自身もあまり気づいていない内容があると思われます。それらの事実を田中が紹介しました。

各章とも先達の研究を検討しつつ、それぞれの専門の立場からさらに解釈を深めるスタイルをとりましたが、限られた紙面であるため、十分な説明までいたらなかった部分もあると思われます。その点は、章末に示した文献を参考にされ、さらに理解を深めていただけたらと思います。（また本書の性格上、煩瑣な註は省略したことをお断りしておきます）

執筆していただいた方々は、主に京都府立大学において農学研究科に所属し、生物機能化学に関する専門家であり、長年大学で教鞭をとると同時に京都府の技術顧問を務められた先生も多く、文中に将来の京都府の特産物の育成、開発に対して有益と思える多くの示唆も含まれています。

京都らしい味がかもし出される根拠について科学的、特に化学的見地からある程度明らかにできたと思われますが、本書で扱った食材はごく一部です。しかし、冒頭でも述べたように、京都人が長年努力して確立してきた旨味に対して従来なかった切り口で、原因を探ろうとした試みは独自なものであり、引き続き今回対象にならなかった食材などについても同様の切り口で秘密解明に迫る試みがなされることを期待しています。

また、食料、食材、食味などを化学的に理解することに興味を示す若い学徒が一人でも多くなることを望みます。

田中國介
松井　裕

禅寺が育てた京の味

上田純一

一　京料理の特色

京料理の特色とは何でしょうか。試みに、江戸時代の料理書『料理綱目調理抄』（一七二八年）を開けば、同書には次のような記載があります。

京は海辺隔たり、時により魚鳥乏し、常にしほもの（塩物）をよくつかひ覚え、手づまよく取合せ仕方巧者多く、大略按排を第一とす

京都は海から遠いため、魚や鳥類を使用しにくい。だから塩物を使って、それらを上手に取り合わせた料理をするというのです。ここには、京料理の特色の一端が見事に記されています。

現在、京料理の言葉でイメージされるものは、豊かな色彩の器に、季節のもの、とくに折々の野菜料理などを美しく盛りつけ、視覚的にも十分楽しめるように工夫された食膳でしょう。しかし、そのような京料理の特色とは、実は新鮮な魚介類を求めがたいという京都の地理的制約、そしてそれを克服するために案出された野菜類の活用法など、過去の長い歴史の中で少しずつ形成されてきたものでした。その意味で、京料理を考えることは、京都という土地の食事文化を考えることにほかなりません。

ところで、京料理の特色のひとつを、前述したような野菜を中心とした料理と考えることができるとすれば、いわゆる精進料理からの影響は大きいでしょう。

寺院生活のタブーに規制された食礼として出発した精進料理でしたが、それが一般に広がったとき、当初は単になまぐささを避けた料理の意味だけではなく、粗末な料理という意味あいも含んでいたといわれています。『枕草子』「ことごとなるもの」には子供を法師にすることは可哀想だとして、その理由のひとつに「精進物の粗きを食う」ことをあげています。精進物は粗末な料理の代名詞としてイメージされていたことがわかります。また、後の時代の書物ですが、『倭訓栞《わくんのしおり》』（谷川士清著、一八世紀後半成立）にも、

野菜海草の類を精進物といふは、古き語也、（中略）精進の語は、もと美食せざるをいへり、今魚肉を食せざる事とするは、仏氏の意也

と、はじめは「美食をせざる（＝粗食）」ことが精進の意であったと記されています。

このように、精進物という語が、一般には粗末な料理という意味合いを含んでいた段階から、進んで野菜料理の称になったのは、平安時代末の頃。『新猿楽記』（藤原明衡著、一一世紀初成立）には、

精進は腐水葱《くだしねぎ》、香疾大根《かわやきだいこん》、舂塩辛《つきしおから》、納豆、油濃茹物《あぶらこきゆでもの》、面穢松茸《みにくきまつたけ》

と記されていますが、ここでは精進物の語は、人々に好まれる野菜料理の称として、その調理法とともに紹介されています。例えば、香疾大根は、蒲焼きにした大根料理のことでしょうし、油濃茹物は油を使用した料理でしょう。

鎌倉時代にはいると、精進料理はさらに進化しました。精進物を使いながらかたちを魚鳥に似せるとか、味の上で魚鳥を思わせる料理が工夫されたのです。藤原兼頼という公家が、客と盃を重ねていると、聞信という僧が酒肴を土産に訪ねてきました。それは、「精進物を以て魚味の形を模」したものであり、一座の人々を驚かせたという話が残されています（『平戸記』）。

二　禅寺の精進料理

仏教伝来以後、獣肉魚鳥をさける風習が寺院から次第に波及し、平安時代には、精進物を食べる習慣が一般へも広まっていきました。前述したように、当初、粗末な料理のイメージが強かった精進料理も調理法に工夫が加えられ、野菜料理としての性格を強めながら、次第に一般にも好まれる料理となっていったのです。ただ、それが精進料理としての体裁を整えるのは、何よりも鎌倉時代に招来された禅宗からの影響が大であると考えられます。そもそも禅宗では、禅僧の生活に関わる規則が厳しく定められており、この規則を「清規《しんぎ》」と呼んでいます。食事の作法にも粥飯法《しゅくはん》と称される清規があり、これに定められた通り厳重丁寧に進められました。このような禅寺の食事の作法や中国風の調理方法が、民間の精進料理にも大きな影響を与えたのです。

さて、それでは禅寺の食事は、一体どこでどのように調理されていたのでしょう。旧仏教の寺には、厨院などと呼ぶ調理場があり、僧衆のための食事がつくられていたことが知られていますが、禅寺にも調菜所と呼ばれる調理場がありました。鎌倉時代末に画かれた鎌倉の建長寺の指図には、庫院《くいん》（台所）内部に調菜所という場所があります（『建長寺文書』）。おそらくここがその場所であったのでしょう。また室町時代の大徳寺には「調菜」という役僧のいたことがわかりますが、これは調菜所で精進料理などに腕を振るった僧侶のことだと思われます。室町時代後期の『七十一番職人歌合』には、公家や武家に仕えて料理をつくった「庖丁人」と組み合わせて、僧形の「てうさい（調菜）」の姿が画かれており、「よもすがら、あすのてんじん（点心）いそぐとて、心もいらぬ月をみるかな」「いかにせむ、こしきにむせる饅頭の、思ひ

五十八番
一筋の霜かとそみる賤のめかたる麻ぬのゝ月の夜さらし
雲まきの町ひたゝれのすきかけのさしてさはらぬ月の袖笠
左右共にさる事ときこゆ。よき持にて侍べし。
さたう まんぢう。さい まんぢう。いづれも よく むして候。
てうさい。

『七十一番職人歌合』より

ふくれて人の恋しき」という歌が載せられています。この「てうさい」が前述した調菜であることは疑いありません。このころには、料理人として民間でも活躍していたのでしょう。

精進料理に話を戻します。禅寺の精進料理として代表的なものをあげるとすれば、おそらくそれは豆腐料理でしょう。現在でも、例えば南禅寺門前には、江戸時代以来の創業を誇る湯豆腐料理の店々が軒を連ねており、参詣人にはすでにお馴染みの門前風景になっています。豆腐はこのような湯豆腐料理のほか、汁物に入れたり、あるいは蒟蒻《こんにゃく》・麩《ふ》とともに油で揚げることも多かったようです。精進料理では動物性タンパク質を摂取することができません。それでその代替物として、菜種・大豆・胡麻《ごま》・榧《かや》・椿などから油をとって、食品を油で揚げることにより、植物性のタンパク質を摂取したのです。

ところで、豆腐を発明したのは、漢の高祖の孫で、淮南《わいなん》国王だった劉安《りゅうあん》だとされています。そのため中国では豆腐のことを淮南とも呼ぶそうですが、ただこれは俗説であり、史料的根拠のある話ではありません。史料的な初見はかなり降って、一〇世紀後半、宋代初頭の『清異録』中です。日本の文献では、寿永二年（一一八三）の奈良春日大社の記録に見えるのが古く、鎌倉時代になると弘安三年（一二八〇）の日蓮の手紙に「すり豆腐」の名が見えます。日中を往来した僧侶たち、とくに禅僧らによって本格的な製法が伝えられたのでしょう。南北朝から室町期に入ると、豆腐の記事は急増します。一五世紀初頭の『海人藻芥』には「内裏仙洞には、一切の食物に異名を付けて召さるる事なり、（中略）豆腐は、かべ」とあり、公家社会では豆腐が「かべ」と呼ばれて食されていたことがわかります。また文安元年（一四四四）刊の『下学集』下巻の飲食部にも豆腐云々の記事があります。この頃になると、一般にも豆腐料理は広がっており、各地に豆腐屋が出現し始めました。また、味噌をつけて食する田楽豆腐などは、禅寺を中心として一般でもとくに好まれたようです。さらに、室町後期になると、前述した『七十一番職人歌合』に、白い鉢巻をした女の豆腐売が描かれています。詞書のほうには奈良

我戀は建仁寺なるさうめむの心ふとくもおもひよるかな
左。うちどうふまめとよくつゞけたり。まめ人のこと兩說有にや。實ある人とも云り。かの源氏の夕霧の大將は。まことしきによりて。まめ人の大將といへり。一義には。ぬしある人を夜ばふを。まめといふといへり。此哥は。いづれにもかなふべし。右は。第二の句こはし。左。勝べきにこそ。
豆腐うり。
とうふめせ。
ならより
のぼりて候。

『七十一番職人歌合』より

豆腐、宇治豆腐の名が見え、当時奈良や宇治が豆腐どころであったこと、この両地から京都へ豆腐売が通っていたことがわかります。

豆腐料理と共に、禅寺の精進料理として馴染み深いのが納豆や味噌などの加工食品です。いずれも大豆を原料とし、中国産の食品でした。納豆は東南アジア一帯にも古くから普及しており、その原産地は中国の雲南省あたりと推定されています。日本では、平安時代の『新猿楽記』にすでに加塩「納豆」の語があるので、鎌倉時代以前に持ち込まれたことは確かです。この納豆には加塩納豆と糸引納豆がありますが、加塩納豆が納豆の原型であり、糸引納豆は中国にはありません。伝説によると、後三年役（一〇八三～七）のために陸奥に下った八幡太郎義家の兵士が、大豆を煮ている最中に敵襲をうけたために、藁袋に詰めて持ち運び出来るようそのままにしておいたところ、それが糸引納豆になったのが起源であるといわれています。ただし糸引納豆の名が現れる最初の文献は室町時代の文芸作品『精進魚類物語』です。

加塩納豆が中国から伝来したのは奈良時代で、同じく中国から伝来した豉《くき》がその原型だとされますが、日本へもたらしたのは入唐僧たちでした。はじめはこれを寺院でつくって在家へ贈っていたのです。著名な大徳寺納豆や遠江《とおとうみ》浜名湖畔の大福寺の浜納豆などは、禅宗寺院で納豆がつくられていた時代の名残です。浜納豆については、幸いにも製法を記した当時の史料が残されています（『言継卿記』）。それによれば、大豆一両（約三八グラム）煎て、小麦の粉半両（約一九グラム）よくまぜて、板にひろげて榎《えのき》の葉を覆て、露の後取て、黄花の付く程七日ばかり過て、其後よくよく干して、水一両に塩三分一を入て、よくよく煎じてよく冷まして、先に紫蘇《しそ》・山椒《さんしょう》の皮（各三分二）、茴《うい》香《きょう》・生姜《しょうが》、各々少々、前の塩水に四種をよくねり合せて、後に大豆を合せて桶に入れ、蓋の上に重し置きて、三日ばかりありて又よくかき合せて、二七日ばかりありて、汁をしたみて日に干すべし

とあり、貴重な史料となっています。禅寺の精進料理の普及とともに、一般へも製法が広まったのでしょう。そのほか、塩味噌に関していえば、大徳寺の真珠庵では、塩味噌を醸造するための費用が毎年の予算に計上され、材料の麦や豆は寺領の庄園から年貢として納められていたことを示す文書が残されています。

三　茶会の会席料理

京料理が成立するにあたって、禅寺の精進料理が大きな影響を与えたことは前述の通りですが、いまひとつ大きな影響を与えたのが会席料理でした。会席料理とは、茶会の席で出される料理の称です。江戸時代以降、「懐石」の語も使用されるようになりましたが、その場合の

「懐石」の語は、禅僧がとる簡単な食事の意であり、禅宗寺院で修行中の僧が空腹をしのぐために懐中に温石を抱いたという故事に由来します。禅宗と関係の深い茶席で出される料理には相応の語であるとして、次第に利用されはじめたのです。

ところで、鎌倉時代に栄西により抹茶法が招来されると、飲茶の習慣は禅寺を中心に一般にも急速に広まり、一四世紀の南北朝時代には爆発的な流行を示すことになりました。ただし、この時期の茶会の作法として注目すべき点は、それが食事と不可分に結びついていた点です。一五世紀初頭に成立した『喫茶往来』によれば、集まった会衆には、まず水繊（葛切）・素麺といった軽食が出され、その後に茶会、そして茶会が終わると酒宴という手順になっていたことがわかります。会席料理発生の母胎もここにあったわけですが、これを「一汁三菜」という定式化した料理にまで高め、発展させたのは、やはり千利休に代表される「侘茶」の世界でした。侘茶が禅宗との結合をいっそう深め、精神性を強調したことは周知のところですが、食事部分においても簡素化・洗練化が進み、高い精神性が付与されました。それは、古代以来、公家社会や武家社会において発展し、すでに形骸化の兆しさえあった本膳料理（式正料理）に対する、ある種の挑戦であったといえるかもしれません。

この点に関連して、例えば、近世の茶人遠藤元閑《げんかん》は次のように述べています（『茶湯献立指南』）。すなわち、

> 茶の湯料理は取合を第一とす、たとへば汁をけつかふ（結構）にする時は、煮物を麁相《そそう》にすべし、八寸物、焼物、和物《あえもの》、指身《さしみ》、鱠《なます》、吸物、肴までも、其の取合々々を合点して献立を定べし、（中略）去とも取合はせを能《よく》せざれば、料理とは謂はず

と、茶の湯料理は徹底して「取合はせ」に配慮することが必要であり、さらに、「時節の相たる魚鳥を遣（使）ふべし、又草木の類も、時ならざる物は遠慮有るべき也」と、季節のものを使用することが肝要であるとも述べています。本膳料理に欠如した、当意即妙の工夫が要求されているのです。

さてそれでは、会席料理とは、一体どのような内容の料理であったのでしょうか。二、三、例をあげてみます。奈良松屋の茶会記である『松屋会記』には、天正七年（一五七九）四月五日に京都四条の十四屋宗知屋敷で行なわれた茶会の模様が記されており、その時に出された料理の品々を知ることができます。それによれば、まず、焼物として鱒《ます》、竹の子と鮑の汁物、引物には鯉、これに御飯がつき、さらに豆などの菓子と鮎や蕗《ふき》の鱠料理がついていたことがわかります。ここで一旦茶会となりますが、そののち後段の料理として、素麺や鮒《ふな》の吸物が出されています。さらに、この会の五日後に行なわれた新在家の養花の会の献立は以下のようなものでした。まず、一の膳では和え物として鱧《はも》とスルメと生姜が盛られた大皿、これに湯漬けと煎豆を入れた桶が添えられました。次に二の膳には鱒の焼物とカマボコの盛り合わせ、豆腐・炒

斎
牛房　海鹿尾
麩　椎茸　手塩
煎昆布　干瓢
冷汁
汁イモ　タウフ　マメ　ノリ　山ノイモ
飯
酒三返

菓子
山ノイモ二　ヒネリ花　サシクルミ五
シュクシ
コフ四半　ムク大クリ三　上六麩五
茶

一休宗純百回忌での料理

子・鮑の汁物、引物として鯉とカラシス（カラスミか）などが出されています。

また、天正八年（一五八〇）に、京都大徳寺の真珠庵で行なわれた一休宗純の百回忌の点心には、上に示したような料理が出されています。すなわち牛蒡・海鹿尾《ひじき》・麩・椎茸・煎昆布・干瓢《かんぴょう》などを盛った器に野菜類を細々と入れた汁物、これに冷汁と御飯がつき、山芋・胡桃・熟柿・昆布・大栗・麩に飾りのひねり花を添えた菓子がつけられていました。

これらのことから指摘できる会席料理の献立の特色とは、どのようなものでしょうか。まず、鱒・鯉・鮎・鮒という川魚が多く使用されているという点です。また、竹の子・山芋・胡桃・大栗などの山菜や、スルメ・カマボコ・カラスミなど保存食的な材料が多く使用されている点も注目されます。これらがすべて、冒頭でも述べたように、海から遠い京都の地理的制約を克服するための工夫であったことについては、改めて述べる必要もないでしょう。詰まるところ、会席料理とは、京都の地の特性に立脚し、素材、器あるいは味付けなどに独自の工夫をこらした料理であったことがわかるのです。

翻って考えるに、京料理が四季それぞれの素材を用いて季節感を演出し、洗練された器に盛りつけて、味覚と視覚の両方で楽しめるように意を払うのも、このような会席料理の伝統のなかで生まれた料理であったからにほかならないのでしょう。

参考文献

渡辺実『日本食生活史』吉川弘文館、一九六四年
森末義彰・菊地勇次郎『改稿食物史』第一出版、一九六五年
足達厳『たべもの伝来史』柴田書店、一九七五年
村井康彦編『京料理の歴史』柴田書店、一九八〇年
笹川臨風・足立勇・桜井秀『日本食物史』上下、雄山閣出版、一九九九年新装版
熊倉功夫『日本料理文化史』人文書院、二〇〇二年

七味とうがらし

齊藤和實
市原謙一

一　七味とうがらしの由来

七味とうがらしが七種類の成分を含んでいること、またその中心がとうがらしであることは誰でも知っています。トウガラシはナス科の一年草（熱帯では多年性）で、学名は *Capsicum annuum*（カプシカム・アニューム）といいます。カプシカムとはラテン語でカプセル（容器）を意味し、トウガラシ果実の内部が空洞であることに由来します。トウガラシの原産地は熱帯アメリカで、八千年前の遺跡からその種子が大量に出土するそうです。当時の人々はとうがらしを食べるだけではなく、祭儀の中で燃やし、その煙の中で涙や洟《はな》を流すことで身のけがれを洗い流そうとしたと考えられています。

コロンブスによってヨーロッパに持ち帰られたトウガラシが日本に伝えられた経緯について

は諸説があります。一五四三年に種子島に鉄砲を伝えたポルトガル人がもたらしたとする説が有力と思われますが、一六世紀末の豊臣秀吉による朝鮮出兵の時に持ち帰ったとする説、さらに別の説もあり真相は不明です。ただいずれにしても、とう（唐）がらしの唐は中国ではないことは確かなようで、最初に挙げた説に従えば南蛮船が持ち込んだ渡来品という意味と解釈されます。英語ではとうがらしを red pepper（レッドペッパー）とか green pepper（グリーンペッパー）などと呼びますが、これは胡椒を求めて航海した末に新大陸をインドと思い込んだコロンブスが、とうがらしを胡椒と勘違いしたためだと考えられています。その後とうがらしが世界の人々の生活にいかに密接に溶け込んだかは、各国におけるとうがらしの呼び名（イタリアではペペロンチーノ、韓国ではコチュ、フランスではピマン、ハンガリーではパプリカ、など）が私たち日本人にもなじみ深いことからも分かります。

七味とうがらしは、とうがらしの伝来後比較的早い時期、江戸時代になって間もない寛永二年（一六二五）に、江戸薬研堀《やげんぼり》（東京両国橋付近）在住のからしや徳兵衛が、「薬研堀」なる屋号のもと、「乾燥赤とうがらし」、「煎《い》った赤とうがらし」、「粉山椒」、「黒ごま」、「けしの実」、「麻の実」、「陳皮《ちんぴ》（干したみかんの皮）」の七つの素材を配合して「七色とうがらし」として売り出したのが始まりで、それが江戸庶民に親しまれていたそばの薬味にぴったり合い広まりました。なお、当時その付近が薬研（昔、漢方薬をすり潰す時に使われた道具の名前）堀と呼ばれていたのは薬問屋が集まっていたためで、七色とうがらしの材料はいずれも漢方薬として使われ

表1　日本各地の七味とうがらし原料の違い

七味製造元＼原料	とうがらし（自然乾燥）	とうがらし（焙煎）	山椒	陳皮	しょうが	けしの実	麻の実	黒ごま	白ごま	青じそ	青のり
京都七味屋	＋		＋				＋	＋	＋	＋	＋
長野八幡屋礒五郎	＋		＋	＋	＋		＋	＋		＋	
東京やげん堀	＋	＋	＋	＋		＋	＋	＋			

（注１）　＋は，素材がその七味とうがらしに含まれていることを示す。
（注２）　それぞれの七味とうがらしに含まれている原料のうち，強い辛味素材であるとうがらしを濃いアミで，弱い辛味・苦味の素材を薄いアミで色づけした。

ていたものです。その後七味とうがらしは次第に江戸から西に伝わるうちに、京都の清水寺の門前や長野の善光寺でも売られるようになりました。それらは、現在それぞれ七味家（一六五六年創業）、八幡屋《やはたや》礒五郎《いそごろう》（一七三八年創業）として存続しています。当初売り出された商品の名前から、現在でも関東では「七色とうがらし」、信州や関西では「七味とうがらし」の名前で親しまれています。

　上記三大元祖の七味とうがらしに含まれる七種類の和製スパイスは、共通成分とそれぞれに特有な成分とから成っています。これら地域毎に違う七味とうがらしの素材は、各地の食文化や風土に合わせて工夫されてきたものでしょう。最初に江戸で考案された七味とうがらしの素材のうち、京都では赤とうがらしは乾燥品だけになり、また苦味がある陳皮は省かれています。

香りの高いけしの実が入っていない理由はわかりませんが、それらに代わって白ごま、青じそ、青のりと風味豊かな素材が加わりました。京都では、うどんやそばのだしは、昆布やかつおの風味を大切にした薄いしょうゆ味です。七味とうがらしもこのような薄口の味付けに合うように、辛みを抑え香りが引き立つように工夫されたのでしょう。そのため、とうがらしの辛さもごまや山椒、麻の実、青のり、青じその香ばしい風味によってまろやかに感じられます。この辛さと香りの絶妙な調和が、京都の七味とうがらしの持ち味なのです。

一方、東京のそばつゆは濃いしょうゆ味で、それに合うようにしっかりと辛味のある七味とうがらしになるように素材がブレンドされたものと思われます。京都と東京における七味とうがらしの素材配合の違いは、そのまま両地域の食文化の違いを如実に反映しているといえそうです。また、長野の七味とうがらしで他の二ヶ所の製品と共通しているのは、とうがらし、山椒、ごま、麻の実の四成分で、これに加えて陳皮、しそ、しょうがを加えています

表1の素材から判断するかぎり、長野の七味とうがらしの辛味・風味はちょうど京都と東京の中間くらいということになります。

二　七つの味とその有効成分

とうがらし　七味とうがらしには乾燥した果実の粉末（あるいはそれを煎ったもの）が含まれ

図1　とうがらし

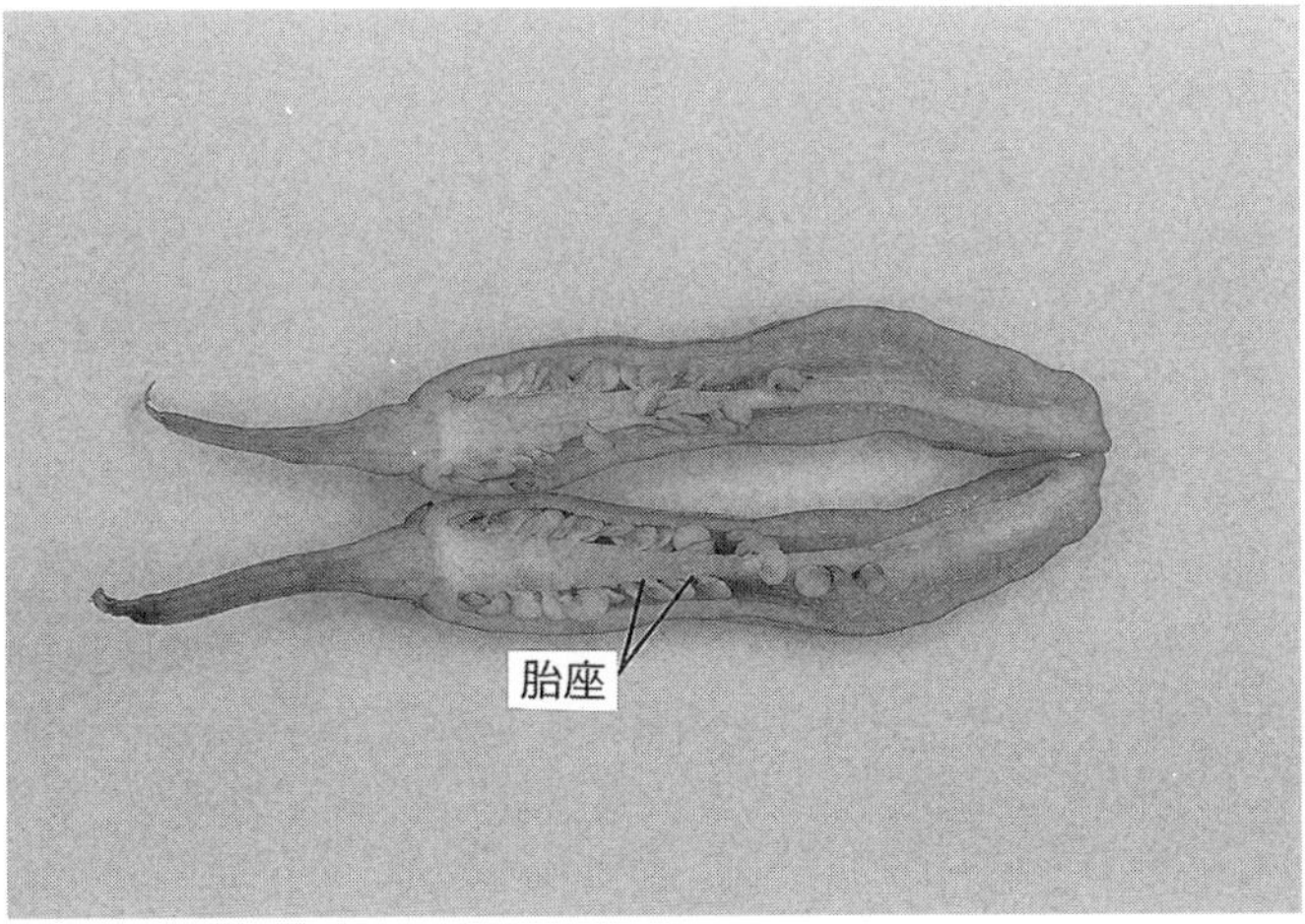

図２　胎座（写真はししとう）

ています。とうがらしの辛味成分は、カプサイシンやデヒドロカプサイシンという、熱に安定な化合物です。ところがその分子内に存在している脂肪酸がはずれ、さらに窒素原子が酸素原子に置き換わってアルデヒドになると、辛味を示さないバニラの香気成分（バニリン）となります。このようにカプサイシンは、化学構造と味や香りとの関係を調べるうえで非常に興味深い化合物なのです。

カプサイシンはとうがらしの基部に接する胎座《たいざ》（種の付いている局所部位）で生成されることが分かっています。果皮や種子の辛さは、それらが胎座と接触することにより付着したカプサイシンによるのです。カプサイシンは天然化合物中で最も辛い成分のひとつで、胡椒の辛味成分であるピペリンやしょうがの辛味成分であるジンゲロールの一五〇倍以上の辛さを示します。カプサイシンは、食べた後少し遅れて辛さを感じそれが長時間持続する、という特徴があります。カプサイシンの興味ある生理作用については、後ほど詳しく述べます。

新鮮なとうがらしは、β-カロテン（生体内でビタミンAに転換するのでプロビタミンと呼ばれる）、ビタミンC、ビタミンE（α-トコフェロール）など、抗酸化活性を有する成分を多く含みます。これらのうちビタミンCの大半は乾燥や粉末化の過程で酸化分解が進み、七味とうがらしの状態ではほとんど残っていないようです。しかし、ビタミンCに代表されるこれら抗酸化成分は、それらが分解を受ける過程で七味とうがらしに含まれる不飽和脂肪酸など酸化を受けやすい他の成分の分解を抑制すると思われます。漢方では辛味性健胃剤、皮膚刺激剤として用います。

山椒　サンショウはミカン科の落葉低木です。その英名 Japanese pepper からも分かるように日本の在来種で、古名を房はじかみ（はじかみとは口の中ではじけるような風味を示すことに因む）ともいい、山椒の種子が房を形成することに由来しています。山椒の香りの主成分はシトロネラール、リモネン、ゲラニオールなどミカン科の植物に共通する精油です。七味とうがらしには、乾燥した実から黒い種子と白色の内皮部分を除き、オリーブ色の外皮を粉末にして用います。京都の七味とうがらしは香りの豊かさに特徴がありますが、それは山椒の調製法に鍵があると思われます。

山椒にはサンショール、サンショアミドなどの辛味成分を含んでいますが、これらはいずれも不揮発性の酸アミドであるという点でカプサイシンと似ています。山椒の香り成分や辛味成分はカプサイシンと同様胃腸を刺激するので、漢方では健胃を始め胃腸病全般に有効としています。またサンショールは殺虫力を示します。

白ごま・黒ごま　ゴマはアフリカ原産、ゴマ科の一年草で、種子の色は白、黒、黄金などが知られています。油（約五〇％）とタンパク質（約二〇％）のほか各種ミネラル、さらにはビタミンB_1やB_2に富み、栄養価の高い食品です。多く含まれている油は、ほぼ等量のリノール酸とオレイン酸が主成分です。漢方では黒ごまが用いられます。

図3　山　椒

図4　七味には種子（黒い粒）を取り除いた皮の部分を使う。

京都の七味とうがらしには黒ごまと白ごまの両方を加えていますが、その理由は黒ごまの豊かな味と白ごまの優れた香りを有効に利用するためとされています。ごまを煎ると特有の芳香が出てくるので（因みに、ごま油もごまを煎ってからしぼります）、七味とうがらしには煎ったごまを七割程度砕いて加えています。この香り成分は、主として低級脂肪酸のアルデヒドやフルフラールと考えられています。また、煎ると果皮が弾けやすくなることも、ごま特有の香りが増幅される要因になります。ごま油に含まれるセサミン、セサモリンは除虫菊系殺虫剤と一緒に使用すると殺虫剤の効果を高めることが知られています。

しそ　シソはシソ科の一年草であり、奈良時代に原産地である中国ヒマラヤから日本に渡来したと考えられています。京都の七味とうがらしには主葉脈を除いた後乾燥した青じそ葉の粉末が入っています。その豊かな香りはペリラアルデヒドやリモネン、α-ピネンなどの精油成分によるもので、食欲増進効果があります。また、その芳香成分であるペリラアルデヒドには抗菌・防腐作用があり、漬物や梅干しと一緒に漬け込んだり、おすしの下に敷いたりするのはそのためです。漢方では蘇葉《そよう》あるいは紫蘇葉と称し、精神安定効果や解毒効果があるとしています。

栄養成分としてはビタミンA、ビタミンC、各種ミネラルに富み、優れた健康食品です。七味とうがらしに加える前のしそ粉末を分析したところ、とうがらしの場合とは異なり、乾燥処理後でも生葉と同程度（試料一〇〇グラム当たり約二五ミリグラム）のビタミンCが認められましたが、その約半量が酸化型（体内では還元型と同様のビタミンC効果を示す）として存在していました。

麻の実　麻は中央アジア原産でクワ科の一年草です。麻とは葉や茎から繊維を採る植物の総称で、大麻、亜麻（アマ科。亜麻仁油を採る）、黄麻（シナノキ科。ジュートを採る）など多くの繊維作物がその範疇に入りますが、七味とうがらしに用いる麻（大麻）は幻覚成分を含むインドアサに非常に近いので（ただし、その実にはマリファナの成分はほとんど含まれていない）、大麻取締法の対象品種となっています。漢方で麻の実は苧実《おのみ》、麻子仁《ましにん》、火麻仁《かまにん》などと呼ばれ、緩下剤として用いられています。その実はタンパク質と油（いずれも約三〇%。このうち油としてはリノール酸が脂肪酸全体の五〇%以上、次いでリノレン酸とオレイン酸が多く含まれる）に富むとともに不足しがちな亜鉛をも含んでおり、古代中国では五穀のひとつとして主食にされていました。京都の七味とうがらしには煎って芳香を強くした種子を砕いた後に加えています。

青のり　青のりは緑藻類アオサ科アオノリ属の海草の総称です。青のりに含まれる栄養素としてはビタミンやミネラル、また海産物に特有の脂肪酸を含むことが知られています。また、七味とうがらしに加える前の状態の青のりのビタミンC含量を実際に分析したところ、食品分

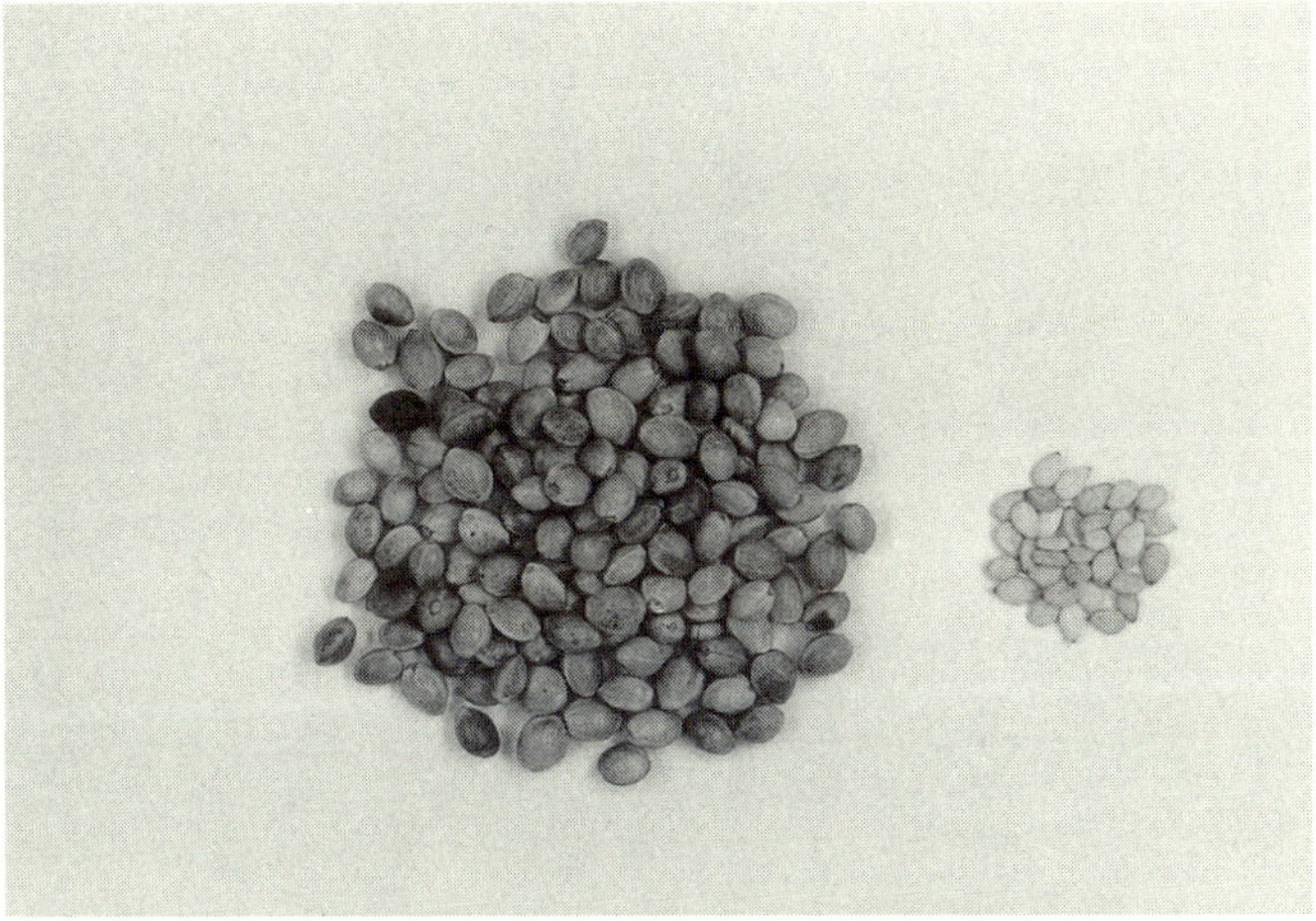

図5　麻の実（右のごまは大きさの比較のため）

析表に示されている量のほぼ半分程度（一〇〇グラム当たり二〇ミリグラム）が検出されました。青のりの香りは日本人に懐かしい香りのひとつですが、海から遠く離れた京都で生まれた七味とうがらしに青のりが加えられたことには興味深いものがあります（因みに、東京および信州の七味とうがらしには青のりは含まれていません）。

以下に、京都の七味とうがらしには含まれていないが他の地域のものには含まれている素材について簡単に紹介しておきます。

けしの実　ケシはヨーロッパ地中海東部沿岸や西アジア原産の一年草で、エジプトやヨーロッパでは古代から栽培されていたようです。その種子は油、タンパク質およびカルシウムなどのミネラルを豊富に含んでいます。煎るとナッツのような快い香りを発散し歯ざわりも良くなるので、パン、クッキー、ケーキなど香味添えに広く用いられます。種子には、アヘンの成分であるアルカロイドは含まれていません。

陳皮　乾燥した温州みかんの果皮を砕いたものです。漢方薬では何年も保存された古いもの（陳久品）ほど薬用効果が高いとされ、そのため陳皮（陳とは「古い」という意味）と呼ばれます。漢方では芳香性健胃剤、鎮咳剤（せき止め）として用い、有効性分はリモネンです。

しょうが　ショウガは熱帯アジア原産、ショウガ科に属する多年草です。古い文献に「呉《くれ》はじかみ」とあるのはしょうがのことで、三世紀頃に中国「呉」の国から渡来したといわれています。根茎は辛味成分（ジンゲロールやショウガオール）と芳香成分（ジンジベレンやα-ピネンなど）を含み、香辛料や漢方薬（薬効は芳香性健胃薬、鎮嘔薬など）として広く利用されます。

二　七味とうがらしと香り

七味とうがらしの効用は典型的な香辛料（英語ではスパイス）としてのものです。一般的にスパイスの効用としては賦香効果（香り付け）、矯臭（臭いを覆い隠す）・脱臭効果、呈味《ていみ》（辛み、苦味を付ける）効果、着色効果、抗酸化効果、抗菌・抗カビ効果、薬理効果などが知られており、さらにそれらの複合的な効用として食欲増進効果や保存効果、などが生じてきます。そこでまず、京都の七味とうがらしが香りの点でどのような特徴を持つかについて考えてみましょう。

京都の七味とうがらし素材のうち、とうがらしは揮発性の精油成分をほとんど含んでおらず香りへの寄与があまりありません。それに対して山椒、煎ったごま、青じそ、煎った麻の実、青のりはいずれも特徴的な香りに富み、優れた賦香効果を示します。さらに、うなぎなど魚料理の生臭さを消すために使用される山椒には、矯臭・脱臭効果（これらの効果に富む代表的なスパイスはガーリックやマスタード）も期待されます。

ブレンド効果とエージング効果

七味とうがらしのように複数のスパイスをミックスしたブレンドスパイス（その典型的な例はカレーミックス）には、スパイスを単独で使用する場合には認められない特性が生じます。その代表的なものが「ブレンド効果」と「エージング効果」です。「ブレンド効果」とは、スパイスを単独で使用すると薬臭く感じる場合でも、少なくとも三品以上のスパイスを同時に使用するとそれぞれの香味が混じり合い、それぞれの薬臭さが弱まると同時に全体としての香りがマイルドになることをいいます。結果としてマイナス要素が減少するため、スパイスを単独で使用する場合よりも一般に使用量が多くなります。

一方「エージング効果」とは、ブレンド直後にはばらばらに感じられた各スパイスの香りが時間の経過とともに調和していき、最終的には新たな熟成した香りを醸し出すことをいいます。お互いに密接な関係にあるこれら両効果は七味とうがらしでも重要な役割を果たしており、例えば、一味として使用するよりも七味として使用した方がとうがらしの使用量が増える点とか、熟成した七味とうがらしの香りは各素材の香りの集合を越えた新たな香りとして感じられる点などがこれに当たります。実はこれら両効果は「香味」についてだけでなく次に述べる「味」においても成り立つことが観察されており、例えば山椒の辛みは単独では舌を麻痺させる傾向がありますが、七味とうがらしとしてブレンドした後では山椒特有の辛さは緩和され、マイルドな味として感じられるようになります。

このように七味とうがらしは食品の香りを豊かにすることにより、食欲をそそる効果を示します。

四　七味とうがらしと味

油の寄与

味覚は甘味、酸味、鹹味《かんみ》（塩味）、苦味、旨味の五味に、辛味、渋味を加えた七味が基本とされ、それぞれの味は密接に関連しつつ全体に関わっています。

意外に思われるかもしれませんが、京都の七味とうがらしを舐《な》めると、それだけでも十分な

表2　京都の七味とうがらしとその材料に含まれる脂肪酸

七味とうがらしの材料	脂　肪　酸（%）				
	パルミチン酸	ステアリン酸	オレイン酸	リノール酸	リノレン酸
とうがらし	15.8	2.5	10.4	63.9	3.0
山椒	20.2	2.6	38.1	15.0	18.0
麻の実	6.3	2.3	12.4	57.8	18.3
黒ごま	9.9	5.2	37.5	46.7	0.5
白ごま	10.0	4.9	40.0	44.0	0.8
青じそ	22.0	2.9	5.5	13.7	38.3
青のり	27.3	1.6	11.3	6.1	16.7
七味とうがらし	12.9	3.9	35.3	44.2	2.7

（注）青のりには，ここには示されていない海産物特有の脂肪酸が含まれているが，油の量が少ないので七味とうがらし全体の脂肪酸にはほとんど反映されない。

旨味を持っていることが分かります。その理由のひとつには、七味とうがらしの素材のうち、主として白ごま、黒ごま、麻の実を中心に二五〜三〇％も含まれる油が挙げられます。**表2**は七味とうがらしに含まれる脂肪酸についての分析結果を示していますが、七味とうがらしの脂肪酸はごま油の場合と似ており、不飽和脂肪酸であるリノール酸とオレイン酸が主成分であることが分かります。これら不飽和脂肪酸は精製すると酸化されやすい性質を示しますが、煎りごまに含まれた状態ではビタミンE（α-トコフェロール）やセサモールで代表される抗酸化活性の高い成分と共存しているため安定であり、風味が長期間持続します。なお、青のりには、この表には示されていない海産物特有の不飽和脂肪酸が含まれていますが、油の量自体が少ないので七味とうがらし全体の脂肪酸組成にはほとんど影響を与えません。

この表から、うどんに七味とうがらしを数回振りかけて一五〇ミリグラムくらい使うと、そこには三〇~五〇ミリグラムの油が含まれることが分かります。これはごま油そのものを一~二滴入れることに相当し、七味とうがらしを加えた際に風味を向上させる効果において油の寄与は少なくないと思われます。さらに官能検査の結果、ごま油はとうがらしの辛味をマイルドにする効果を示すことが分かりました。油で野菜を炒めたり油揚げを入れるきつねうどんの例からも分かるように、油は食べ物を包み込んで美味しくするからです。

一方、ごま、とうがらし、青のり、青じそに含まれるアミノ酸は、食材中や調理の過程で加えられる調味料中の旨味成分（核酸系呈味物質やグルタミン酸ナトリウム）に対して相乗効果を示します。さらに旨味が十分であると、料理の塩分濃度が低くても味の充実感を維持できることも知られています。また、とうがらしや山椒の辛味は味を引き締めるとともにその厚みを増すと言われています。これら複数の効果が相乗的に働いて、関西風の薄いだしを使ったうどんやそばに薬味として加えられる七味とうがらしは、とうがらしの辛味とともにアミノ酸や油が味のふくらみと豊かさを演出すると考えられます。

このように七味とうがらしは食品の味を豊かにすることにより、食欲をそそる効果を示します。

五　七味とうがらしのその他の効用と保存性

スパイスの効用のひとつに着色効果が挙げられています。これは、カラシやカレーで代表されるように、特徴的な色を付けることにより食欲をそそる効果です。七味とうがらしの場合は、とうがらしの赤橙色が特にうどんのように白い食べ物にはよく映え、視覚を通して食欲を増進させる効果を示すと思われます。さらにとうがらしや山椒に含まれる辛味成分は消化管粘膜を刺激することにより、消化・吸収を促進し、食欲を増進させる効果を示します。

また、七味とうがらしは、それ自体がその保存性を高める成分を含んでいます。すなわち抗酸化作用、抗菌・抗カビ作用、また防腐作用を示す成分です。七味とうがらしに含まれる抗酸化物質としてはカプサイシン・β-カロテン（とうがらし）、α-トコフェロール・ビタミンE（とうがらし、ごま）、ビタミンC（調製直後のとうがらし、青じそ、青のり）、セサモール（ごま）などが挙げられます。七味とうがらしは先に述べたエージング効果との関連もあって、通常七成分を混合した後相当期間保存されることが多いですが、酸化されやすい不飽和脂肪酸を相当量含んでいるため、それ自体酸化に対する安定性が高いことは大きな利点です。しかし、いずれにしても七味とうがらしを長期間保存する場合には、冷蔵庫中に置く等の配慮をすべきでしょう。

さらに、七味とうがらしには種々の殺虫・殺菌成分の存在も知られています。カプサイシン（とうがらし）、サンショール（山椒）、セサミン・セサモリン（ごま）などがそれであり、また、しそには防腐効果もあります。これらの性質が相まって、七味とうがらしの保存性を高めているのです。もっとも、われわれが七味とうがらしとして食べる量自体は少ないので、七味とうがらしに含まれる抗酸化物質が人の健康にどの程度役立つかについては明らかではありません。

六　とうがらしの効用

塩分摂取量低減化効果

最近のグルメブームに象徴されるように、美味しい食事に対する要求は強まることこそすれ、弱まることはありません。その一方で健康指向がますます強まり、そのひとつとして塩分の摂取をできるだけ控えたいという風潮が広まっています。最近、どのくらいの塩分を取ればよいかという疑問に応えるためになされた調査・研究のなかで、香辛料は動物が塩分を取ろうとする行動を抑えることが分かってきました。

たとえば、ネズミにタンパク質の少ない餌を与えていると、体が不足するタンパク質を補おうとしてそのネズミはたくさん餌を食べるようになります。その際食塩に対する嗜好性も強められ、食塩水をたくさん飲むようになります。しかしその時の餌に、例えばカプサイシンを〇・〇一四％添加しておくことにより、食塩水を飲む場合でも食塩濃度のより薄いものを、さらには食塩の入っていない水を積極的に選ぶようになったのです。つまり、食塩を摂取したがる性質（食塩嗜好性）は明らかに減少したのです。これはネズミを用いた実験結果ですが、人の場合でもとうがらしを食べることによって、塩分に対する嗜好性や摂取量が抑制される可能性を示すものとして注目されています。

これと関連して、実際に塩分の摂取量を減らすうえでとうがらしが重要な役割を果たした最近の漬物生産についての実例について紹介しましょう。

ひと昔前までは漬物の中心は糠《ぬか》漬け、つまり「たくあん類」でありました。しかし、ご承知のとおり最近はその傾向が急速に変化しており、「キムチ」系漬物を目にすることが多くなりました。一九九七年の統計によりますと、それまで主流を占めていた糠漬け類は全漬物生産量の一〇・四％に低下したのに対して、キムチ類は一一・一％、これにワサビ漬けやショウガ漬けを加えると辛味漬物の生産量は三〇％を越すまでになりました。この現象の背景には、できれば塩分摂取は低く抑えたいという日本人の急速な意識変革があるわけですが、一方ではその要求に応えようと苦心した漬物業界の試行錯誤があったといわれています。漬物の塩分を減らすと味がぼけ、いわゆる「低塩味ぼけ」が発生します。そこで「低塩味ぼけ」を解決するための工夫がいろいろ検討された結果、漬物製造過程にとうがらし（を中心に、場合によってはわさび、しょうが、からしなど）のアクセントを加えること（さらににんにくや各種だし汁の添加を組み合わせること）により、従来の製法より塩分濃度を六分の一程度に抑え、しかも「低塩味ぼけ」を感じさせない美味しい漬物を市場に出すことに成功したといわれています。

最近の研究では、塩分の取過ぎが直ちに高血圧に結びつく訳ではない、とされているようです。しかし四〇歳台の約三〇%、五〇歳台の約四五%、六〇歳台の約五五%が高血圧症であり、それらの人々のうち約半数は塩分の摂取により症状が悪化する（塩分感受性という）ことを考えると、とうがらしを活用して塩分摂取を抑えることには十分に意味があると思われます。

ダイエット効果

前項に述べたネズミを用いた一連の実験で、タンパク質レベルが比較的低い餌で飼育した場合、餌にカプサイシンを加えるとネズミが食べる餌の量は増えたにもかかわらず、ネズミの体重はむしろ減少することが分かりました。食べたものが身体に蓄積しにくいということは、カプサイシンが身体の代謝を活発にし、取り込んだ以上のエネルギーを消費する（燃やす）作用があることを暗示しています。事実私たち自身もトウガラシを食べると体が暖かくなり汗をかくことは、実際に体験するところです。そこで、そのことを確認するために、たくさん油を食べさせたネズミを使って確かめる実験が行なわれました。

その結果、ラードを中心とした高脂肪の餌にカプサイシンを加えておくと、カプサイシンを加えないときに比べてネズミの脂肪組織重量が減少し、血液中の中性脂肪も低下したのです。

この現象をさらに調べることにより、体に吸収されたカプサイシンは副腎ホルモンであるアドレナリン（エネルギー生成を促進するための引き金となるホルモン）の分泌を促進し、その結果体脂肪や筋肉・肝臓のグリコーゲンの分解が促進されためであることが確認されました。これら貯蔵物質が代謝・燃焼することによって体温が上昇するわけです。さらに、カプサイシンはアドレナリンを介さずに直接交感神経系に働きかけて、褐色脂肪組織の体熱産生反応を活性化して体温を上昇させる効果も持っていることが分かりました。

とうがらしのダイエット効果は？

このようにカプサイシンは、胃や舌を刺激して食欲を増進させるにもかかわらず、エネルギー代謝を活発にして体を温め、体脂肪を減らす作用があることから、そのダイエット効果が期待されるようになりました。しかし問題は、とうがらしをどれくらい食べればダイエット効果があるか、という点です。人体実験についての報告がないので正確なことは分かりませんが、上記の実験でネズミに食べさせたカプサイシンの量を人間に換算すると、料理にとうがらしをたくさん使う東南アジアの人たちが日常的に食べるとうがらしの量に相当するそうです。ですから、うどんやそばに七味とうがらしをふりかける程度では、有効なダイエット効果はあまり期待できそうにありません。

一方、カプサイシンは刺激物であり、食べる量があまり多くなると消化器への悪影響も考えられます。しかしそれを確かめるために行なわれたいくつかの実験の結果を見るかぎり、通常食べる程度のとうがらし量で悪影響が出たという報告はなく、一方微量のカプサイシンは、むしろ胃の粘膜を保護する効果があるといわれてます。

最近アドレナリンの分泌を促進するカプサイシン類縁化合物のなかで辛さを示さないものが見つかったそうです。そのような化合物についての研究がさらに進展すれば、医療を含むさまざまな分野におけるカプサイシン利用の可能性が一層広がるものと期待されています。

七　まとめにかえて

体を温めるとうがらしはキムチのイメージもあって、寒い地方の食べ物との印象が強いように思われるかもしれません。事実、とうがらし成分は体の代謝機能に働きかけて体温を上昇させる作用を持っているので、熱いうどんやそばに七味とうがらしをかけて食べることは、体を「熱い食べ物」と「とうがらし成分」というふたつの異なった昇温メカニズムで温めることになり、寒いときに体を温めるには非常に効果的です。

しかし、とうがらしやカレーで代表される辛いスパイスは、インドや東南アジアといった気温の高い国々で最も多量に消費されています。とうがらしを食べると最初は体が熱くなります。これは皮膚温度が上がったためで、それとともに体熱は外気に放散されます。とうがらしのカプサイシンは体内でエネルギーを消費するだけではなく、体内のエネルギーを体外に放散しやすくする効果も併せ持つことが分かっています。その結果、体熱が急速に体外に放散され、ひと汗かいた後はすっきりした感じになるのです。このことが、とうがらしが暑い地域で食材として人気の高い理由ではないかと思われます。

京都の旨味の一要素として、七味とうがらしに焦点を当ててきました。その結果、七味とうがらしは冬に寒くて夏に暑い京都の気候や薄味中心の京都の料理と相性がよく、その結果人々の生活を一層豊かに演出するうえでふさわしいさまざまな機能を備えていることが分かってきました。

この章を閉じるに当たって思うことは歴史の重みです。京都に平安の都が誕生し、日本文化の中心として歩み始めて以来一二〇〇年以上を数えますが、それは京都の街で生活してきた多くの人々の日々の営みの積み重ねでもあります。

海産物や農産物といった一次産物の点からは決して恵まれていないこの京都の地で七味とうがらしが定着してすでに三五〇年が経過しようとしています。七味とうがらしに込められた秘密を知るにつれ、それは今の時代でも立派に通用する高度な機能性食品添加物であることが見えてきました。必要な時にごく少量しか使わない七味とうがらしにまで、それぞれの時代を生き抜いた多くの人々の知恵が息づいている様子を目のあたりにする時、私たちは長い歴史の地で生きていることを実感するのです。

参考文献
齋藤浩・太田静行編著『隠し味の科学』幸書房、一九九二年
岩井和夫・渡辺達夫編『とうがらし　辛味の成分』幸書房、二〇〇〇年
香川芳子監修『五訂食品成分表』女子栄養大学出版部、二〇〇三年

※本章を作成するにあたって、数々の資料を提供して下さいました京都の七味家本舗にお礼申し上げます。
また、同社ならびに「八幡屋礒五郎」、「ＳＢ食品株式会社」のインターネットホームページ、その他いくつかを参考にさせていただきました。

京都の酒——伏見の特色——

辻本善之
松井　裕

一　日本酒の発祥

人類（ヒト）はおおむねお酒が好きなようで、有史以来、世界中でお酒を造って飲んできました。日本でも縄文時代にはすでにお酒が造られていたと考えられています。お酒造りに使用されたと思われる縄文式土器が発見されているからです。その土器中から山葡萄《ぶどう》の種が発見されています。したがって、日本では稲作が伝わるずっと以前からワインのような果実酒を造って飲んでいたと思われます。縄文時代後期になって、稗《ひえ》、粟《あわ》、米などの穀物が栽培されるようになると、穀物を原料とした「口噛み酒」が造られるようになったと考えられています。

三世紀に中国で編纂された『三国志』の「魏志東夷伝」の項には、倭人がお酒を儀式やお祭りに用いたり、お酒を飲んで歌や踊りを楽しんでいたことが記されています。八世紀に編纂された『古事記』の中に、素戔嗚尊《すさのおのみこと》が八岐大蛇《やまたのおろち》を退治するためにお酒を使ったという神話が記述されているくらいですから、日本人も古くからお酒を造り、お酒を楽しんでいたことは間違いないと思います。このお酒は「八塩折之酒《やしおりのさけ》」といわれていますが、原料が果実なのか穀物なのかは不明です。また、原料が穀物だとしても糖化に麹《こうじ》を使ったものではなく、口噛み酒だったのではないかと考えられています。「口噛み酒」や「麹」についてのもう少し細かな説明は後ほどいたします。

お酒には、日本酒、ビール、ワイン、焼酎、ウイスキーなど多くの種類があります。これらは、その造り方によって醸造酒、蒸留酒、混成酒（再成酒）の三つに分類することができます。醸造酒は、様々な原料をアルコール発酵させて造るもので、日本酒、ワイン、ビールなどが該当します。蒸留酒は、醸造酒を蒸留*したもので、焼酎、ウイスキー、ブランデーなどがそうです。混成酒は、醸造酒や蒸留酒に果物、木の根、香辛料などを漬け込み、その成分を酒に浸出させているもので、リキュール、梅酒、薬酒などが含まれます。

＊溶液中のより揮発性の高い成分を部分蒸発させ、蒸気を回収して残留液と分離すること。アルコール（エタノール）の沸点は七八・三度で、水の沸点は一〇〇度なのでこの差を利用して蒸発分離し、濃縮したアルコールを得る。

お酒とアルコール

これらのことからもお分かりのとおり、「お酒造り」＝「アルコール発酵」といっても過言ではありません。アルコール発酵は酵母という微生物によって行なわれます。お酒造りを行なう酵母は、少し偏食でデンプン（グルコースから成る高分子の多糖）をアルコールに変換することができず、グルコース（ブドウ糖）か、せいぜいマルトース（麦芽糖）やスクロース（蔗糖、砂糖）のような二糖類程度までしかアルコールに変換することができません。したがって、グルコースを大量に含むブドウなどの果実を原料にしたワインなどは、酵母の作用だけで比較的簡単に造ることができます。昔、猿が造る「猿酒」というのが信じられていましたが、これは木や岩の窪みに果実が落ち、野生の酵母によって自然発酵された「天然酒」なのです。したがって、ワインなどの果実酒は人類が果物を保存していたら、酵母に勝手にアルコール発酵されて、お酒にされてしまったというのが本当のところで、これがお酒の発見につながったのではないでしょうか？

しかし、先述の通り、穀物に多く含まれるデンプンなどの多糖類からは酵母だけではお酒を造ることができません。デンプンは、お米やトウモロコシなどに大量に含まれている貯蔵糖ですが、実は、グルコースがたくさんつながったアミロースとアミロペクチンからなる多糖類です。ご飯を良く噛んで食べると甘くなってきますが、これは唾液中のデンプン分解酵素（アミラーゼ）が、甘くないデンプンを分解して、甘いグルコースにするからです。「口噛み酒」は、穀物を噛んで、唾液中のアミラーゼと混ぜたものを吐き出し、瓶や壺の中で、デンプンをグルコースに分解（これを糖化という）し、アルコール発酵させたものです。世界には、この口噛み酒を現在でも造っているところがあります。

したがって、日本酒（清酒）の起源は、弥生時代に稲作が伝来した後、お米の口噛み酒となり、その後、麹菌（カビ）による糖化を利用した日本酒が造られるようになったと考えられます。ご飯にカビが生えて「麹」になり、その麹から発酵してできたお酒が、ご飯の口噛み酒よりも美味しいと気付いた人がいたのではないでしょうか？　このような麹を用いた日本酒造りは日本で発見されたのか、それとも中国や朝鮮からの渡来人によって伝えられたのかは分りません。渡来人の知識と日本の風土や文化が融合して、日本独自の日本酒が造られるようになったのかも知れません。

飛鳥・奈良時代になって、律令制度が確立されると、「造酒司（みきのつかさ、さけのつかさ）」が大内裏の中に置かれ、朝廷のためのお酒が造られていました。平安時代になると、朝廷だけではなく、神社や一般庶民にも普及し、酒造りが広く行なわれるようになりました。平安時代初期に編纂された『延喜式《えんぎしき》』には、現在の日本酒造りと同様に、「蒸米」「米麹」「水」を使ってお酒をつくる方法が記載されており、この頃までには、今の日本酒と同じようなお酒が造られるようになっていたことは確かで、京都のお酒造りも発展していきました。当時、朝鮮半島から渡来した秦氏の子孫が、多くの事業に参加していましたが、お酒の製造と販売も行なっていました。

洛西の松尾大社は京都最古の神社で、この地方の住民が、松尾山の神霊を祀って、守護神としたのが起源といわれます。五世紀の頃、秦氏が松尾付近への移住後に松尾の神を氏族の総氏神と仰ぎました。昔より松尾大社が醸造祖神（お酒の神様）としても信仰されていることから、京都のお酒造りに秦氏の影響は大きかったのではないかと考えられます。

二　京都の酒、伏見の酒の歴史

伏見《ふしみ》（京都市伏見区）の酒蔵とその町並みが環境省「かおり風景一〇〇選」のひとつに選ばれています。伏見区内に三三銘柄の酒造会社が点在しており、お酒の仕込みが行なわれる晩秋から早春には新酒の良いかおりが漂います。

伏見は、昔「伏水」と表記されていたことからもお分かりのとおり、豊かな地下水に恵まれています。伏見七名水として、石井《いわい》、白菊井、常磐井、春日井、苔清水、竹中清水、田中清水がありましたが、残念ながら、現在は石井と白菊井だけになっています。石井の名水は「石井の御香水《ごこうすい》」と呼ばれ、御香宮《ごこうのみや》神社の境内に湧き出ています。実は、現在の「御香水」は、地下約一五〇メートルからポンプで汲み上げられているそうです。この水は、環境省に「名水百選」のひとつとして認定されています。昔、この水を飲むと病気や怪我が治ったというような様々な奇跡が起こったといわれています。現在でも、「美味しい水」としてだけでなく、病気や怪我の治療や茶道用に愛飲されています。また「御香宮」の名は、この「御香水」に因んで清和天皇が命名したといわれています。

伏見の酒造りの起こりは、弥生時代に遡ると考えられています。しかし、酒造りが本格的に始まったのは、安土・桃山時代です。豊臣秀吉が作った城下町である伏見は交通の要衝でもあり、町の繁栄とともにお酒の需要も増加していきました。その後も、伏見は京（京都）と大坂（大阪）の重要な中継地として人々や物資の往来で賑わい、江戸時代には東海道五十七次の五十四番目の宿場町として繁栄していました。読者のみなさんの中には五十三次の間違いでは？と思った方もいらっしゃるかもしれません。これは、京と大坂の二大都市を結ぶ街道は、京街道や大坂街道と呼ばれていたことや、歌川広重と葛飾北斎の浮世絵や、十返舎一九の「東海道中膝栗毛」の影響で、五十三次と呼ばれるようになったためであるといわれています。

また、伏見は日本で最初に銀座が置かれた場所で銀座発祥の地でもあります。さらには、幕末の寺田屋事件もこの地で起こったことからも、この地が近年まで重要な町として繁栄していたことがわかります。しかし、「鳥羽伏見の戦い」によって、町の建物のほとんどが焼失してしまいました。その後、伏見の水を利用した酒蔵（日本酒を製造する会社）が多く所在するようになりました。その後、第二次世界大戦では大きな被害を受けなかったため、現在は、明治・大正時代の風情や面影を多く残す魅力的な歴史観光都市となっており、水路を利用した景観の整備に町は取り組んでいます。

三　伏見の酒の特色

昔から「太平の世には辛口、乱世には甘口の酒が流行る」といわれていますが、近年、辛口の方がやや人気が高いので、そういう状況から判断すると、今の日本は「太平の世」であるといえます。実際、日本が不景気だといっても世界の国々と比較すると、日本人は贅沢な生活を送っており、平和であることに間違いありません。それではなぜかくのごとくいわれるのか？一説によると、「不景気（乱世）の時は、食べることに貧窮しているので酒の肴を多く用意することはできないので甘口が好まれ、平和で好景気の時は、食料に満ちあふれているので酒の肴も贅沢でき、料理と良く合うさっぱりとした辛口が好まれる」と推測されています。

お酒と料理

このように、お酒の味は時代によって変化しますが、もちろん地域特性も重要な決定因子です。このことは、その地域の自然風土や料理、あるいはそこに住む人々の気質などに密接に関連しています。

例えば「男酒と女酒」という言葉をご存じでしょうか？　現在、日本酒の生産では、灘（兵庫県）と伏見が群を抜いておりますが、「灘の酒＝男酒」、「伏見の酒＝女酒」といわれるように、その特徴は大きく異なっていました。これは、灘の酒造りに使用する「宮水」は、ミネラル分に富んだ硬水であるために、発酵期間が短く、やや酸の多い辛口であったのに対して、伏見のお酒造りに使用する水が中硬水を用いるために、発酵期間が比較的長くなり、上品で端麗な甘口であったことからそう呼ばれています。そのうえ、灘の酒が江戸庶民の嗜好に合う「江戸送りの酒」として発展していったのに対して、伏見の酒が「京料理に合う酒」として洗練されたことに起因しています。これらのイメージが大きすぎ、近年の端麗辛口ブームにより、伏見のお酒の需要は下降気味です。

しかし、現在の酒造技術では、伏見でも端麗辛口を造ることが可能です。近年、多くの酒造メーカーが、消費者の求める多種多様なニーズに応えるべく多くの種類のお酒を造っています。消費者のみなさんがこれまでのイメージを捨てると、身近においしくて安いお酒が多くあることに気づくと思います。誤解されると困るのですが、伏見のお酒を宣伝しているのではありません（少し宣伝していますが）。いいたいのは、「伏見でも灘でも昔と違って、バラエティーに富んだ日本酒を自由に造れるようになり、実際に多種多様な日本酒を造っている」ということです。

四　酒造りと酵母その他の微生物

日本酒造りは微生物を巧みに操り、利用したバイオテクロノジー（生物工学）そのものだともいえます。微生物とひとくちにいっても幅広く、多種多様ですので、まずは生物界における微生物の位置付けに少し触れてみたいと思います。

現在、多くの生物学者が生物を大きく動物界、植物界、菌界、原生生物界、モネラ界の五界に分類しています（五界説）。菌界には、カビ、キノコ、酵母などが含まれます。原生生物界には、アメーバやミドリムシが含まれます。菌界や原生生物界に属する生物は、ヒトやサクラなどが属する動物界や植物界と同じように、その細胞中の染色体（遺伝子の集合体）が膜で仕切られた小器官（核という）にあり、このような細胞をもつ生物を真核生物と総称しています。モネラ界には、大腸菌、乳酸菌、納豆菌などの細菌類（バクテリア）が含まれています。これらの生物の細胞の特徴は染色体が膜で仕切られていなくて、真核生物と区別して原核生物と総称されています。つまり、肉眼では見えない小さい生物（おおよそ一ミリメーターの数十分の一以下のもの）を微生物と総称していますが、微生物といっても先に述べた真核生物と原核生物の両方が存在しており、真核生物の中にも単細胞のもの（酵母）と多細胞のもの（カビ）など多種多様な種類の微生物がいて、菌界、原生生物界、モネラ界にまたがって存在しています。

日本酒造りの科学

さて日本酒造りに関わってくる微生物の役者はカビと酵母と乳酸菌です。それを予め知っておいてもらって日本酒造りの科学について述べたいと思います。日本酒造りにおいて、大切な三因子のことを昔から、「一麹、二酛《もと》、三造り」といわれています。麹とは穀類や豆類にコウジカビを繁殖させたもので、日本酒造りの場合にはコウジカビの生えた蒸し米のことです。日本酒醸造に使われるコウジカビの正式名は *Aspergillus oryzae*（アスペルギルス・オリゼー、別名キコウジカビ）といいます。

蒸し米にコウジカビの胞子（分化した細胞で単独で発芽してカビとして増殖できる）が蒔かれ、麹が造られます。お米の主成分であるデンプンを酵母は直接栄養源に利用できないので、コウジカビは、酵母の好きなグルコースに変換する大切な役割を担っています。

先にも少し触れましたが、デンプンはアミロースとアミロペクチンというグルコースから成る多糖の混合物です。お米によってアミロースとアミロペクチンの比率は少し変動しますが、おおよそアミロースが二〇～二五％でアミロペクチンが七五～八〇％を占めているようです。因みに餅米はアミロペクチンがほとんどを占めています。グルコースはその化学式が $C_6H_{12}O_6$ の炭素数６の単糖ですが、アミロースはグルコースがその炭素位置１と４で直鎖状に連結した重合体（高分子）ですし、アミロペクチンはアミロース型のものがさらに相互にグルコースの炭素位置１と６で連結した枝分かれ構造をもった複雑な重合体（高分子）です（「京都の米」

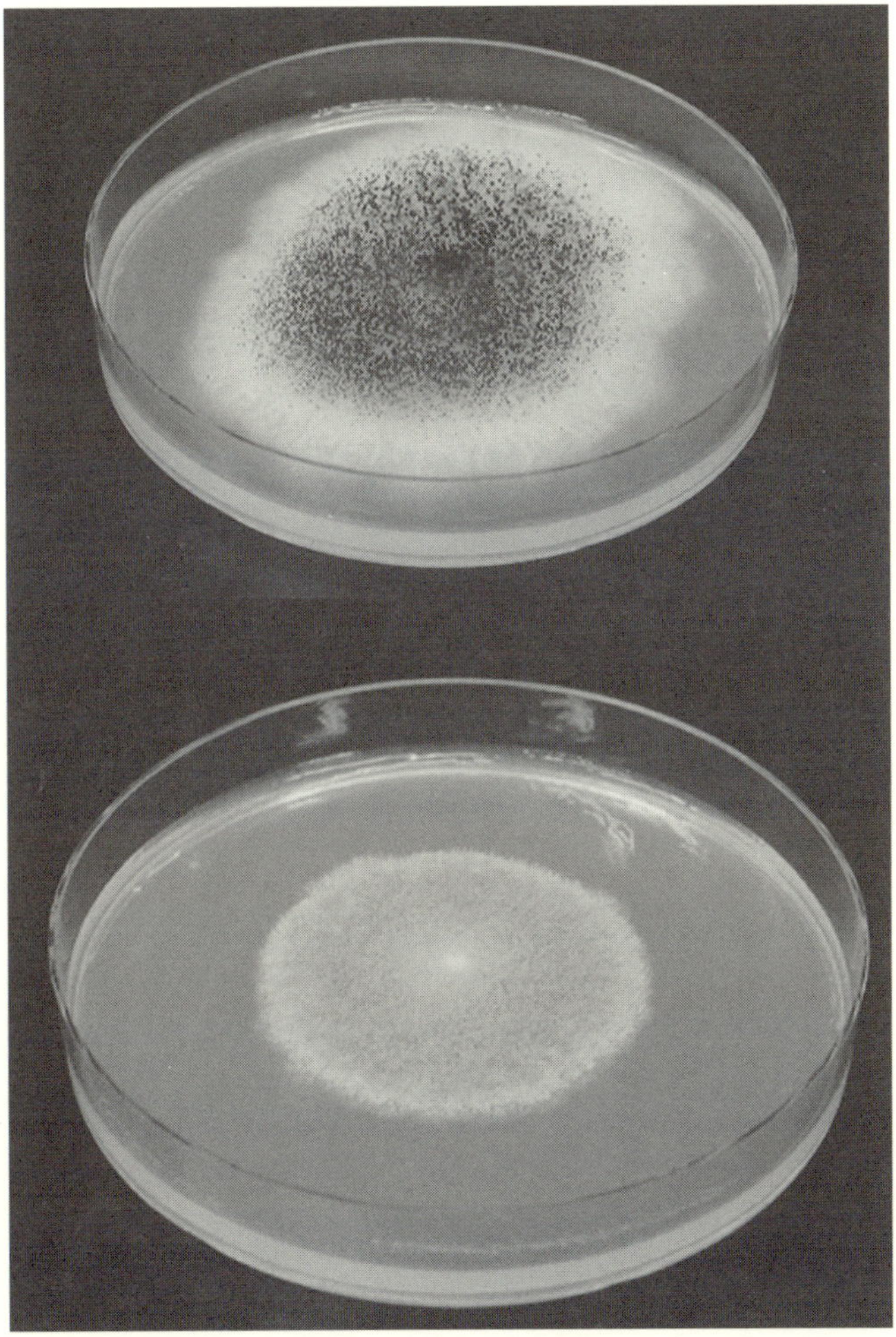

図１　コウジカビの写真

（上：黒麹菌（*Aspergillus niger*）。下：黄麹菌（*Aspergillus oryzae*）。両菌共に，合成最小培地で，１週間28℃で培養後の写真。）

の章参照)。コウジカビが産生する複数種のアミラーゼがアミロースとアミロペクチンを至る所でグルコース単位にバラバラに切断してくれるのです。

「酛《もと》」は、酒母つまり酵母のことです。お酒造りをしてくれる酵母の正式名は、*Saccharomyces cerevisiae*(サッカロマイセス・セレビシェー)です。酵母というのは、ある特定の生物種のことではありません。「サル」といっても厳密には、ニホンザル、チンパンジー、テナガザルなどがいます。それと同じようなものです。したがって、酵母といってもお酒を造ってくれる役に立つ酵母とそうでない酵母がいます。免疫が弱い生後間もない赤ちゃんやHIV(ヒト免疫不全症候群ウイルス)感染者の口内などに生えるのは *Candida albicans*(キャンデダ・アルビカンス)という酵母です。したがって、この酵母は役に立たないどころかキャンデダ症を引き起こす病原菌です。

それとは逆に、*Saccharomyces cerevisiae* という酵母は、人類にとって非常に役に立っている微生物です。この酵母は、分裂(二分裂を繰り返す)ではなくて出芽(臼でついた大きな塊のお餅から小さな丸餅を引きちぎるような感じで子孫が増える)によって増殖するので、出芽酵母とも呼ばれており、日本酒だけでなく、ワイン、ビール、パンの発酵にも活躍しています。よく「イースト菌」といわれていますが、この *Saccharomyces cerevisiae* という酵母のことで、「酵母」を英語でいうと「yeast(イースト)」です。

ただ、ヒトの中にも走るのが速いヒト、算数が得意な人、絵を画くのが上手なヒトなどのよ

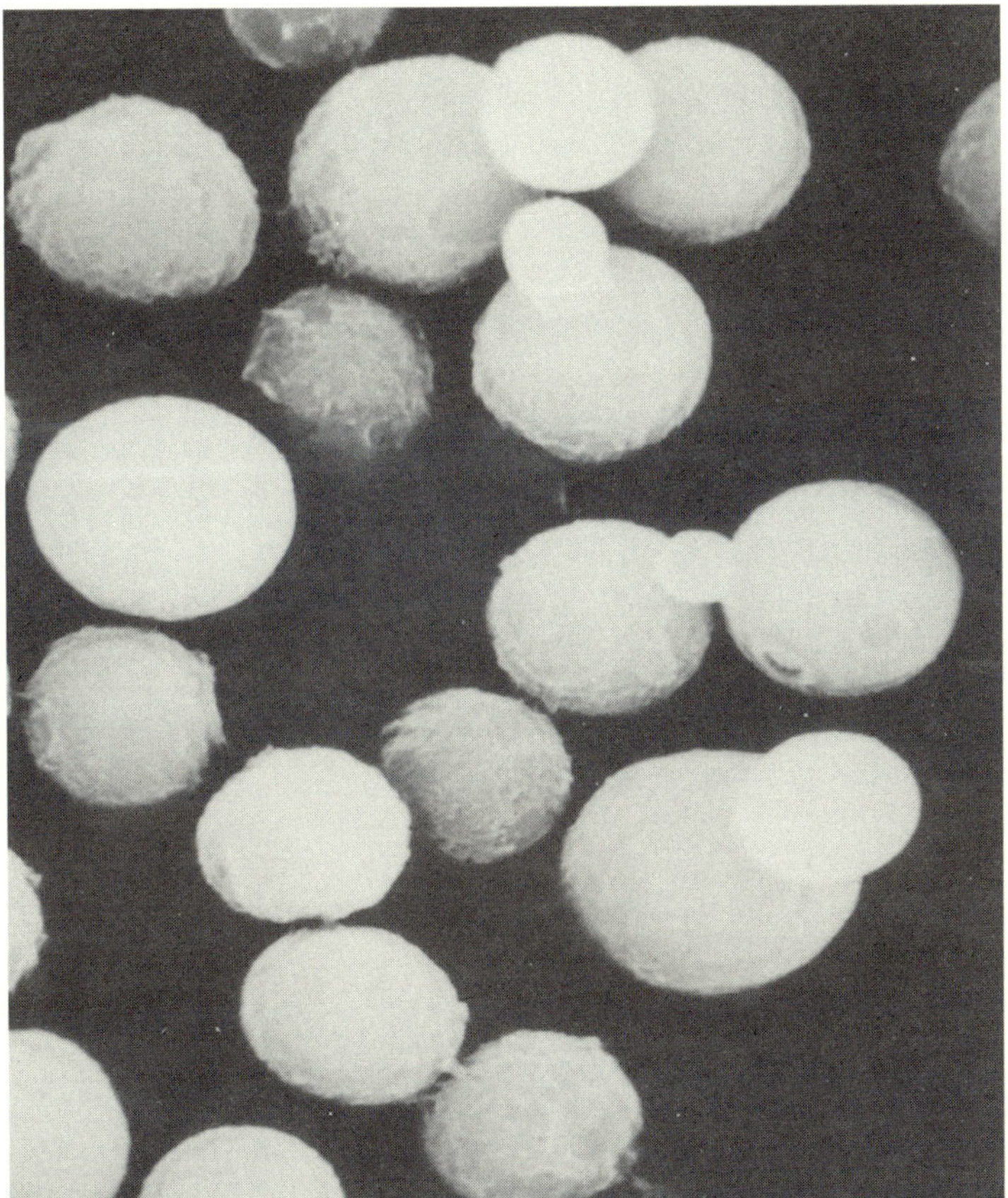

図２　酵母（*Saccharomyces cerevisiae*）の顕微鏡写真。
一部に出芽している様子が写し出されている
（写真提供：京都大学大学院農学研究科 井上善晴氏，井沢真吾氏）

うにいろいろなヒトがいますが、*Saccharomyces cerevisiae* の中にも美味しいパンを造る酵母もいれば、美味しい日本酒を造る酵母などいろいろな酵母がいます。しかし、必ずしも美味しいパンを造る酵母が、美味しいお酒を造るとは限らないのです。各日本酒メーカーや醸造試験場などでは、いろいろな種類の酵母を改良し、育種することにより、より美味しい日本酒を造ろうと努力しています。

乳酸菌の働き

日本酒造りには、コウジカビと酵母というふたつの微生物が不可欠で重要であることを述べましたが、実は、他の微生物たちも日本酒造りに関わっています。

酵母は中性やアルカリ性条件下は苦手で、酸性条件を好みます。しかも、多くの雑菌は酸性条件が苦手ですので、酸性にしておくと雑菌は増殖（数を増やす）せず、酵母が優勢に増殖します。しかし、蒸したお米と麹に水を加えただけでは酸性になりません。そこで、乳酸を添加します。そのように乳酸を加えて増殖させた酵母を「速醸酛」と呼んでいます。しかし、昔は乳酸の製造販売はしていなかったので、自然に混入してくる野生の乳酸菌（自然環境に分布し、酒蔵などに巣くっている）によってお米と麹と水を原料に乳酸発酵してもらって酸性にしていました。糠《ぬか》漬けなどの漬物は乳酸菌が働いて酸っぱくなっていきます。

このように乳酸を加えずに、野生の乳酸菌を利用して酸性にして酵母を増殖させた酵母

（酛）を「生酛」といいます。「酛」造りの中で、「山卸」[*]という工程を省いた（廃止した）方法で、乳酸菌と酵母を増殖させた「酛」を「山廃酛」と呼び、この酛で作られたお酒を「山廃《やまはい》造り」といいます。現在では、ほとんどの日本酒が、「速醸仕込み」で造られますが、乳酸菌を利用した「生酛仕込み」や「山廃仕込み」は、微生物を巧妙に利用した日本が世界に誇るバイオテクノロジーだといえます。特に日本酒造りにおいて記憶しておいていただきたいことは麹（カビの繁殖した蒸し米）に酵母が繁殖した酒母（酛）をさらに大量の蒸し米に混ぜ、デンプンの糖化とアルコール発酵を同時並行して行なう複式発酵（並行複式発酵）であるということです。

*山卸：生酛造りにおいて、仕込み後一〇～一二時間経過して麹と蒸し米が水を吸い込み、固くなった時点で、麹の糖化と乳酸発酵（乳酸菌の増殖）を促進するために物料を櫂で摺り潰す作業（櫂入れ）を行なうがこれを山卸という。数時間おいて何回か繰り返される。

ここで改めて、酵母がその細胞内でグルコースからアルコール（エタノール）を生成する代謝系について簡単に紹介しておきます。酵母の細胞内に取り込まれたグルコースは、解糖経路（EMP経路）といわれる八段階の化学反応（酵素による反応）でピルビン酸（$CH_3COCOOH$）が生成されます。理論的にはグルコース１モル（分子）から２モルのピルビン酸ができます。酵母の生育環境中に酸素がないような状態の時には、ピルビン酸が還元されてエタノール（C_2H_5

日本酒の作り方

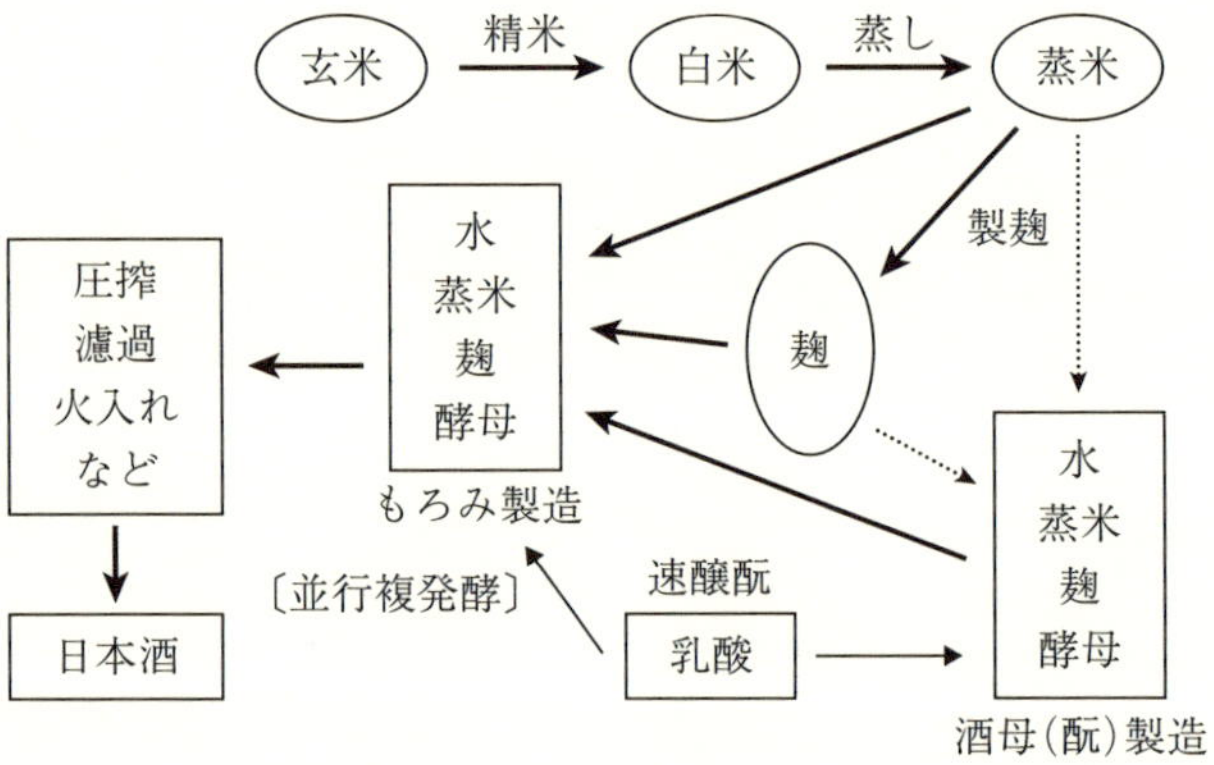

OH）と二酸化炭素（CO_2）が生成します。この時、酵母は1モルのグルコースから2モルのエタノールとともに、2モルのATP（アデノシントリリン酸）という高エネルギー化合物を得て、細胞内のエネルギー源にします。一方、酵母の生育環境中に酸素が充足されている場合には、ピルビン酸をエタノールの方に転換しないで、TCA（トリカルボン酸）代謝経路が働いて、ピルビン酸が消費され、TCA経路上のコハク酸やリンゴ酸などを生成するとともに、酸化的リン酸化によって理論的には1モルのグルコースから38モルのATPと二酸化炭素が生成します。つまりエネルギー獲得活動が活発になって、お酒は造らずに酵母の増殖（子孫作り）が旺盛になります。

このことからもお分かりのように、酵母でのお酒造りには酸素不足の状態が必要になります。またこのような酸素の過不足で、代謝経路とエネルギー獲得方式を変える微生物を通性嫌気性菌という言葉で分類することがあります。同じように酒造りにおいて酵母の生育環境をよくする（酸性条件下にする）ことに寄与する乳酸菌も通性嫌気性菌に分類されますが、酵母と異なるのは酸素のあるなしに関わらず同じ挙動（代謝活動）を取り、グルコース1モル（分子）から2モルのピルビン酸ができ、さらに2モルの乳酸と2モルのATPを生成します。微生物には様々な特色を持ったものがいて、おもしろいと思いませんか。

五　日本酒の火入れ——パスツール以前に行なわれていた低温殺菌法——

パスツール（Louis Pasteur 一八四〇—一九一〇）は、フランスが生んだ大科学者で、微生物学の祖とも呼ばれています。彼の専門は物理学と化学でした。その後、微生物学・生物学・医学へと研究の中心を移行させていきました。彼の研究は、酒石酸（ブドウ果実などに存在）の光学異性体の研究から始まり、カイコの微粒子病、クワの葉萎縮病、白鳥の首型フラスコを用いた自然発生説の否定、狂牛病ワクチンの開発など数多くの研究業績を残しました。

フランスといえば、ワインが有名ですが、パスツールはワインに関する研究も行なっています。ワインは、ブドウと酵母によって造られますが、放っておくと酢ができてしまい酸っぱくなってしまいます。パスツールは、この原因がワインを酢に変える細菌であるということを発見しました。その細菌を殺してしまえば、ワインの酸敗を防げることにすぐに気づきました。

しかし、ワインの風味や香りを台無しにしてしまうことが大きな障害となりました。一八六五年、パスツールはいろいろな条件検討を重ね、酸素除去後に五五度という比較的低温で熱処理すれば、ワインの性質を大きく変えず、酸敗の原因微生物を殺菌することができることを見出しました。この方法は、低温殺菌法、もしくはパスツール式滅菌法（パスツリゼーション）として、現在食品産業で広く行なわれています。

日本酒造りにおいても、低温殺菌法は「火入れ」として用いられていますが、実はパスツール以前に行なわれていたことが知られています。日本では、一六世紀半ばに書かれた『多聞院《たもんいん》日記』中に、「火入れ」のことが記載されています。温度計のない時代には、温度を高めたお酒に指を入れ、「二」や「の」の字がぎりぎり書けるぐらいの我慢のできる熱さの温度に設定するということで判断していました。中国ではそれ以前に同様の操作が行なわれていたことが分かっています。東洋の科学はやはりすごいと思います。

火入れが不十分だと殺菌されずに生育してきて、日本酒の味・香りを損ね、濁りを生じて日本酒を台無しにしてしまう細菌を「火落菌」といいます。火落菌は、日本酒造りの際に好んで生育する乳酸菌の一種です。この菌は、アルコール依存症で、アルコールがないとほとんど生育できません。さらに、この細菌は日本酒中に含まれるメバロン酸（火落酸）を生育に必要とします。このメバロン酸は麹菌や酵母がお酒の中に作り出しているようですが、メバロン酸はコレステロールやテルペンなどの生合成に欠くことのできない重要な代謝中間体であり、この乳酸菌（火落菌）は、メバロン酸を自身で合成できないため、自身の生育に必要な栄養素としているのです。

六　日本酒の成分と味・香り

日本酒には、表1に示したように「吟醸酒」「純米酒」「本醸造酒」などを含めて多種多様な日本酒が製品化されています。例えば、色のついた日本酒、微炭酸の入っている日本酒、女性向きの甘くてアルコール度数が低い日本酒、日本酒カクテルなどもすでに販売されています。日本酒を好む割合は男性、女性ともに五〇代以上になると高くなってくるようですが、残念なことに、思うような需要拡大は認められていません。国税庁が公表している酒類の課税数量の推移（国産分および輸入分の合計）を見てみると、平成一四年では、一位ビール、二位雑種（発砲酒含む）、三位日本酒となっていますが、平均伸び率から判断すると、焼酎の人気が高まっています。

昨今、消費者は「美味しさ」や「成分・品質」に由来する「機能」の効用に根ざした健康指向（「身体によいこと」）に対して関心が高いようで、日本酒もこのような観点でいろいろな日本酒酵母を探したり、改良したりと「美味しさ」、「成分・品質」を追求しています。従来、「酒は百薬の長」といわれ、身体に良いことが知られています。

表1　日本酒の種類

		使用原料		精米歩合
		米 米麹	醸造 アルコール	
吟醸酒	純米大吟醸酒	○	×	50%以下
	大吟醸酒	○	○	
	純米吟醸酒	○	×	60%以下
	吟醸酒	○	○	
純米酒	特別純米酒	○	×	60%以下
	純米酒	○	×	70%以下
本醸造酒	特別本醸造酒	○	○	60%以下
	本醸造酒	○	○	70%以下
普通酒		醸造アルコール，調味液が加えられた日本酒		

表2　日本酒の主成分

水	79　～81　%
エタノール	14.9～15.8%
エキス分	4.5～ 5.5%
酸度	1.0～ 1.5%
アミノ酸度	1.1～ 1.8%

ここでは、日本酒の成分について簡単に述べたいと思います。

表2に示したように、日本酒の主成分は水が大部分ですが、いろいろな成分が含まれています。「お酒」であるので、もちろんアルコールが入っています。アルコールのなかでもエタノールが主成分です。日本酒は醸造酒の中では最もアルコール濃度が高いお酒のひとつで、約一五%もあります。その他の成分としては原料の米に由来するもの、酒造りに関与する微生物が造り出したものなどで、有機酸やアミノ酸、エステル類などです。特にリンゴ酸、コハク酸、乳酸や酢酸などの有機酸やグルタミン酸を始めとするアミノ酸類は詳しいことは分かっていませんが味（風味）などに関係していると思われます。これらの成分・量とデンプン由来のグルコースがどの程度残存するかによって、甘口とか辛口といわれたり、コクがあるとか端麗とかいわれたりしています。

日本酒の香り

また、日本酒独特の香り（匂い）は、アルコール類やエステル類（カルボン酸とアルコール、例えば酢酸とエタノールが脱水縮合してできる酢酸エチルなどをエステルという）の種類と濃度によって決定されます。日本酒の香りに関係する成分は一〇〇種類を超えるようですが、単独で味・香りを感知できるのは十数種類といわれています。残りは他の成分との協調によって、日本酒独特の香りを生み出しています。日本酒に含まれる主なアルコール類とエステル類を表3

表3　日本酒に含まれる主なアルコール類とエステル類

成分名	芳香の種類
エタノール	アルコール香
n-プロパノール	アルコール香
n-ブチルアルコール	アルコール香
イソブチルアルコール	アルコール香
イソアミルアルコール	アルコール香，甘い芳香
活性アミルアルコール	アルコール香，甘い芳香
n-ヘキサノール	青葉様
フェニルエタノール	バラ様香
メチオノール	漬け物臭
2,3-ブタンジオール	甘味
チロソール	苦味
グリセロール	甘味
酢酸エチル	セメダイン香
酢酸イソアミル	バナナ香
酢酸フェニルエチル	リンゴ香
カプロン酸エチル	アニス香
カプリル酸エチル	リンゴ香
カプリン酸エチル	果実様香

に示しました。

日本酒の香りは最初に鼻に近づけた時に感じる「上立ち香」と、酒を口の奥まで引き入れた時の揮発性の遅い「基調香」、または「含み香」からなっています。日本酒では特に基調香のウエイトが大きいといわれていますが、どの成分がどのように絡み合っているかは不明の部分が多いようです。

一般に酒の香りは原料に由来するもの、発酵に関与する微生物たちが生成するもの、熟成によって化学変化で生成するものの三種類が考えられますが、日本酒についてはそのほとんどが酵母によって生成するものといわれています。

吟醸酒はよく「フルーティー」な香りがするといわれていますが、実際様々な果物の匂い成分が入っていることが分かっています。果実を原料にして造られたワインやブランデーなどが、

「フルーティー」な香りがするのは当たり前ですが、お米、水、麹菌、酵母だけで、吟醸香が造られるのはすごいことだと思いませんか？　吟醸酒の香気成分で重要なのは高級アルコールとエステルです。アルコールとしてはイソアミルアルコールとフェニルエタノールが香気の主体です。「フルーティー」な香りは低沸点のエステル、すなわち酢酸エチル、酢酸イソアミル、酢酸フェニルエチル、カプロン酸エチル、カプリル酸エチルなどによります。

このような種々の味・香り成分のいくつかを例えば化学合成して日本酒の中に添加することは技術的には可能ではありますが、添加が禁じられているか、あるいは許容されているものでも日本酒としての価値評価が落ちるので、あくまで酵母などの自然の働きで味・香りを付与させています。

酵母を主役とした微生物の不思議な働きによって、人間の食生活に潤いをもたせてくれるすばらしい美酒がこの世に生み出されているというのは本当にすごいことで、自然界の巧妙な仕組みに驚かされますよね。

参考文献

日本農芸化学会編『お酒のはなし　酒はいきもの』（責任編集：塚越規弘・栗山一秀・井上喬）、学会出版センター、一九九四年

R・J・デュボス著、T・D・ブロック編『パストゥール　世紀を越えた生命科学への洞察』（長木大三、

田口文章、岸田綱太郎訳）学会出版センター、一九九六年
大内弘造『酒と酵母のはなし』技法堂出版、一九九七年
井上重治『微生物と香り』フレグランスジャーナル社、二〇〇二年
鈴木康久・大滝裕一・平野圭祐編『もっと知りたい！　水の都京都』人文書院、二〇〇三年
日本醸造協会『醸造物の成分』
月桂冠ホームページ「酒を語る」 http://www.gekkeikan.co.jp/foodfood/index.html#LBL_talk
京都市伏見区ホームページ http://www.city.kyoto.jp/fushimi/

日本茶の旨味の秘密

米林甲陽

一　茶の旨味のもと

美味しい日本茶は、どんなときでも、まさに一服の清涼剤になります。

日本茶には番茶から玉露《ぎょくろ》まで、さまざまな味を持ったお茶があります。しかも、お茶を淹《い》れるお湯の水質によっても、温度によっても風味がまったく変わります。日本茶に含まれている、旨味、渋味、香りがどんなバランスで引き出されるかによって味が変わってきます。日本茶は、多様な楽しみ方のできる飲み物なのです。

日本茶の旨味の成分はテアニンというアミノ酸です。昆布の旨味成分もグルタミン酸というアミノ酸ですから、日本の、和の旨味は、基本的にアミノ酸によることになりますが、鰹節の旨味はイノシン酸、椎茸の旨味はグアニル酸という核酸の成分です。和の旨味は、旨味成分の組み合わせ、バランスによって深い味わいが出てくるといえるでしょう。

テアニンは、日本茶の中でも高級な「玉露」にもっとも多く含まれ、「被《かぶ》せ茶」、「煎茶」、「番茶」の順に含量は低下します。日本茶の特徴は、製造時に発酵を行なう紅茶や、半発酵を行なう烏龍茶と違い、製茶時に発酵を行なわない「緑茶」です。日本茶は、チャ樹を育てる過程でチャの葉に旨味をうまくとじ込め、茶葉に含まれる旨味を逃がさないように製茶し、それをお湯で上手に抽出することに成功した飲み物といえるでしょう。

日本茶の旨味の話は、①旨味成分がどのようにしてチャの葉に集積されるか、②製茶時に旨味をうまく残せるか、③お茶を淹れるときバランスよく旨味を引きだせるか、について書くことになりますが、②③①の順に進めていきます。

二　摘採と製茶

日本茶の一番茶は、五月頃に出るチャの新芽を、葉が四～五枚開いた時に収穫します。

通常、煎茶はバリカンの親玉のような摘採機で「機械摘み」して収穫しますが、玉露などの高級茶では手間をかけた「手摘み」が行なわれています。摘採した新芽は、短時間、蒸して生葉に含まれる酸化酵素の活力を失わせたあと、乾燥しながら揉み込んで製茶を行ないます。この製茶工程はお茶の種類によって異なります。チャの生葉は七五～八〇％の水分を含んでいま

図１　煎茶の摘採

図２　覆い下茶園の摘採

すから、摘採したあとすぐに処理しなければ、やがて腐敗してしまいます。製茶はチャ葉に含まれている旨味・香り成分と緑の色をできるだけ残しながら水分を手早く減少させ、しかも、製品になったとき、お湯で旨味・香り成分を抽出しやすい状態に仕上げることが必要で、そのための工夫が古くから行なわれてきました。

水分の調節

まず、生葉は多くの酸化酵素を含んでいるので、蒸熱して酵素の活力を失わせて、緑色が茶色に変色しないようにします。この蒸熱は、生葉に含まれる青臭を除去し、生葉を柔軟にするためにも大きな意味を持っています。蒸熱時間が短いと、青臭、苦味、渋味が強くなり、蒸熱が長すぎると、香味に乏しく緑色があせたものになります。しかし、蒸熱時間の長い深蒸しは、濃厚でまろやかな茶ができるともいわれます。蒸熱時間は三〇秒程度から二分以内ですが、この短時間で茶の味と香りが決まってしまうほど重要な工程です。

蒸熱した茶葉には約八〇％の水分があるので、茶葉の細胞を押しつぶして水分を拡散させ、熱風を当てることで水分を徐々に外部に放散させる「手揉み」作業を行ないますが、非常に重労働でした。現在は、一部、手揉みの製品も高級茶に残っていますが、大部分は、揉捻機などの機械を使う製茶法で作られています。茶葉の内部の水分が拡散する前に、茶葉表面の水分が放散すると上乾きという状態になりますし、内部の水分が表面から蒸散されないときは、品質がムレた状態になり、風味が損なわれます。これらを防ぐための工夫が、手揉み作業の段階をふんだ工程に込められているのです。それは、粗揉、中揉、精揉、乾燥工程という、いわば職人芸といっても良いほどに高められた技術で、これらの工程を経て、「荒茶」といわれる茶に製茶されます。このときの水分は五％程度になります。

これらの手揉みによる製茶技術は明治中期までに完成しており、芸術品のような日本茶が作られるまでに技術が高められていました。明治から大正にかけて製茶工程を機械化する努力が行なわれましたが、開発された製茶機械は、手揉み作業を忠実に反映する工夫がなされており、複雑な動きができるようになっています。現在使われている製茶機械も、改良、大型化、自動化はされていますが、基本的な仕組みはそれほど変わっていません。このことは、製茶工程のどのひとつを変えても、日本茶の風味が違ってくることを意味しているものと思われます。

乾燥工程

一般に、乾燥食品は低い温度で乾かすほど品質が良いとされています。製茶工程も同様で、粗揉機と呼ばれる熱風乾燥機では、粗揉工程中の茶葉の温度は三四〜三七度になるように調節されており、蒸熱後の茶葉の水分が八〇％であったものが、水分五〇％まで乾燥されます。この後、揉捻機で茶葉を加圧転動して揉むことで組織を破壊して水分がしみ出るようにします。この状態の茶葉は、さらに中揉機と呼ばれる熱風乾燥機で水分二五％まで乾燥されますが、このときも、茶葉の温度は三五～三八度になるように調整されます。

中揉工程の次の精揉工程は、乾燥と同時に茶葉を針状に撚りあげ整形する工程で、煎茶の製造に独特のものです。玉緑茶や釜炒り茶にはこの工程がありません。この工程でも茶葉の温度は三六～三九度に保たれ、水分は一二％程度まで減少します。この後、乾燥工程と呼ばれる工程で通風乾燥機が使われますが、このときは七〇度程度の熱風をあてて、水分を五％程度にまで、乾燥させます。生産者の作業はここまでで、荒茶ができあがります。

製茶工程でできた荒茶は、茶問屋などで、ふるい分け、切断、風選、火入れ乾燥、選別を経て、仕上げ加工されます。火入れ工程では、加熱処理によって、青臭さが減り、甘い香りや香ばしさが増加します。火入れの程度は、茶の香味を決定づけるので極めて重要となります。上級煎茶では、八〇～一一〇度の熱風で火入れし、下級煎茶では一二〇～一四〇度に加熱した回転ドラムで火入れして、加熱香気を生成させます。また、番茶を一六〇～一八〇度の高温で火入れしたものが、ほうじ茶です。

ブレンドと品質評価

仕上げ加工の最後に、ブレンドによって香味の調整が行なわれ、商品化されます。荒茶は、品種、産地、収穫時期や製茶工程のわずかな操作の違いによって、香味が大きく変わってきますから、年間を通じて一定の品質の茶を供給するには、ブレンドが不可欠なのです。茶の販売会社は自社製品のコンセプトに合った香味の茶を、消費者の求める価格帯で、常に一定の品質で供給するために、茶のブレンドを行ないます。近年は農畜産物のトレーサビリティーについての関心要求が高まってきています。ブレンドした茶の生産条件についても、誰がどのようにして作った茶をどういう割合でブレンドしたかまでトレース（追跡）できるシステムが近い将来実用化されるようになるでしょう。

茶の品質の評価は、官能検査と呼ばれる相対評価法によって行なわれています。多くの茶を集めて官能検査を行う品評会が、茶の生産技術の向上を目指して全国的に行なわれており、全国茶品評会で優勝した茶は、茶業関係者が理想とする茶に近いことになります。

官能検査は、煎茶では、茶の葉の形状・色沢《しきたく》、熱湯で浸出したお茶の水色《すいしょく》・香気・滋味について順位付けし、評点をつけて相対評価されます。評価のなかでは欠点を指摘することもあり、青臭、葉いたみ臭、むれ臭、苦味、異味、こげ味などと評されます。これらは、複雑な製茶工程のわずかな操作の違いが、品質に現われるためですが、原料である生葉の性質は決して均一ではありませんので、マニュアル的な操作では均質な製品に仕上げることは極めて困難で、各工程ごとに微妙な調整が必要とされています。そのためには熟練した技術が必要で、「茶師」と呼ばれる人たちの独壇場でした。しかし、茶師の高齢化に伴い、製茶機械の自動化が図られるようになり、茶葉の温度や水分を計測するセンサーの発達とコンピュータ制御によって自動化が進んできました。今後、さらに優れたセンサー、たとえば香味センサーなどが開発されば、より優れた自動機械、システムが完成するものと思われます。

碾《てん》茶（抹茶の原料）は、玉露と同じ栽培法で栽培したチャ葉を摘みとったあと、蒸熱し、揉まないでコンベア式の碾茶炉で熱風乾燥して製茶されます。その後、葉脈を分離し薄い葉肉部分だけを選別したのち、低温乾燥して仕上げ加工されます。抹茶は極めて変質しやすいので、販売直前に石臼で3μm（3／1000mm）以下の微粉末に挽いて抹茶にされます。今日でも石臼を用いるのは、粒径のそろった微粉末が得られることと、製粉機では高温となり品質が劣るからです。それでも、粉砕時の石臼のまさつ熱と、茶の吸湿は、抹茶の品質を大きく左右するので、低温で除湿された室で作業が行なわれています。

三　茶の淹れ方

日本茶に含まれる旨味成分や渋味成分の量はお茶の種類によって異なります。そして、それぞれの成分は違う温度で抽出されます。旨味成分のテアニンは五〇～六〇度で抽出できますが、渋味成分のカテキンは九〇度以上でよく抽出されます。「煎茶」にはテアニンはあまり多く含まれませんが、カテキンはしっかり含まれているので、スッキリした風味のお茶を淹れたければ、沸かし立てのお湯を熱いままに淹れるのが良いことになります。煎茶で旨味を引き出したいときには、六〇～七〇度に冷ましたお湯を淹れて、カテキンをあまり抽出せず、テアニンをよく抽出するようにします。このとき、一～二分ほど蒸らすと良いとされているのは、テアニンを抽出するには時間がかかるからです。なお、沸かし立てのお湯を茶碗に入れてから約三分待つと六〇～七〇度のお湯になります。

「玉露」は煎茶に比べてテアニンを多く含み、カテキンは少なめです。ですから、高級茶の、玉露のトロッとした旨味を最大限引き出すには、沸かしたお湯を五〇～六〇度に湯冷ましをしてから淹れ、二～三分蒸らすのが良いとされています。テアニンだけをよく抽出するようにするわけです。玉露は淹れ方によって風味がかなり変わるデリケートなお茶ですから、茶葉の量、お湯の温度、蒸らし時間を工夫することで、美味しい淹れ方を楽しめるお茶です。五〇～六〇度に湯冷ましをするまで待つのが面倒だという場合は、一人分の沸かし立てのお湯を茶碗にとり、冷蔵庫の製氷室で作った氷一個を入れて溶けたとき、ちょうど良い温度になっています。

最近、お茶の美味しくない原因に、深蒸し茶の普及が挙げられることがよくあります。深蒸し茶は、煎茶の製茶工程の最初の蒸熱時間を長くしたもので、濃厚な味になるといわれているものです。そこで、普通の蒸熱と、深蒸しにして製茶した場合の茶の浸出液成分を調べた例を見てみますと、カテキンやテアニンの成分量に大きな差違はありません。しかし、多糖類の量が、蒸し時間の長いほど多くなっていました。深蒸し茶では、多糖類が渋味を抑制して、濃厚な味が強調されると考えられます。このように、本来、良質の茶葉を深蒸しすれば、濃厚でまろやかな味の茶になるはずなのですが、品質の悪い茶葉を深蒸しして、味をごまかす製茶を行なったため、他の欠点が現れてきて、深蒸し茶のイメージが悪くなっているものと思われます。

お茶の成分と健康

また、茶はコーヒーやココアと同様にカフェインを含んでおり、これらを飲めば、神経を緩やかに刺激したり、鎮静作用をしたり、精神的疲労を回復する効果があります。煎茶の抽出液中のカフェイン量はコーヒーよりも低いのですが、玉露ではコーヒーの数倍ものカフェインを含むとされています。これは、玉露を淹れるとき、濃く淹れる傾向があるためと思われます。カフェインは高温でよく抽出され、水にはあまり溶けないといわれています。しかし、煎茶に水を加えて、冷蔵庫で二時間置いた水出し煎茶のカフェイン量は、普通にお湯で淹れた煎茶のカフェインと変わらないことも調べられています。

このほか、茶はテアニン以外にも各種アミノ酸を含み、ビタミンC、B_1、B_2などを多く含んでいますので、古くから、飲料や食料として利用されたこともあったようです。

鎌倉時代には、僧栄西《えいさい》の著した『喫茶養生記』に「茶は末代養生の仙薬」と記されており、医薬としての効能が重視されていたのでしょう。当時の茶の飲み方は、「片茶」という固形につくられた茶を、粉末に研《す》り抹茶にして、茶せんでたてて飲んでいました。宋代に書かれた『大観茶論』には、茶の淹れ方がくわしく説明してあり、湯沸かしの方法も「魚目、蟹目の泡が連続して躍りあがるを適度とする」とか、たて方についてもいくつかの方法の説明があります。そして、「そもそも茶は味を第一とすること、甘み、香り、重み、滑らかさ、これがすべてである。その味が旨味があっても風味に乏しいのは、蒸しと圧しを過ぎたからである」とされているようです。

現代のお茶の飲まれ方は非常に多様になってきており、日本茶だけを飲ませる喫茶店も増えてきました。しかし、基本となるところは、今も昔も変わらないはずです。一九九九年に、日本茶業中央会は「日本茶インストラクター」というお茶のソムリエの資格を創設しました。お茶に関する専門的な知識についての筆記試験と、お茶の鑑定技能、インストラクション技能についての実技試験に合格すると資格認定が行なわれます。これまでに千人以上の人が資格を取り、「美味しいお茶の入れ方教室」や各種イベントのお茶コーナーで講師になって、日本茶の普及に努めています。

カテキンの効果

近年、お茶に含まれるカテキンに、抗酸化活性、抗ガン作用、抗動脈硬化作用などがあることが報告され、お茶は「機能性飲料」として見直されてきました。カテキンには四種の化学構造が明らかにされており、約半分がエピガロカテキンガレート（EGCg）で、その他はエピガロカテキン（EGC）、エピカテキンガレート（ECg）、エピカテキン（EC）です。

これらの茶カテキンはα-アミラーゼ酵素に作用して、血糖上昇を抑制する効果があるといわれています。また、緑茶カテキンＥＧＣｇが、ガンと関係の深いウロキナーゼ酵素に作用してマウスの腫瘍を小さくする効果があることが見つかっています。なお、カテキンは高温で酸化変性するので、高温で火入れされるほうじ茶では少なくなります。

このほか、茶に含まれるビタミンＣ、Ｅやβ-カロチンは抗酸化ビタミンといわれ、活性酸素を抑制して人の健康に寄与することは、よく知られています。茶のビタミンＥは他の食品類に比べて非常に多く含まれており、β-カロチンはニンジンやホウレンソウを上回るほど豊富に含まれています。

四　茶の栽培

日本茶の旨味成分であるテアニンはチャ樹の根で生合成され、チャ葉に移行しますが、葉中で光に反応して、カテキン（ポリフェノール）という渋味成分に変化します。そこで、日光を遮ることによってテアニンをチャ葉に残し、カテキンを増加させない栽培法が考え出され、玉露が作られるようになりました。それは「覆い下」栽培と呼ばれ、新芽の出る時期に、葉を摘む二〇日ほど前から、茶園をよしずや稲わらなどで覆いをして日光を遮ります。覆い下栽培では、玉露、碾茶、被せ茶が栽培され、渋味が少なく、旨味と覆い香という特有の香気のある茶ができます。覆い香は、高級青のりのような匂いをいいますが、それだけが玉露の香りのすべではなく、不明な点が多いようです。

覆い下園の遮光は、被覆棚に広げたよしずに稲わらを振りかけて段階的に遮光率を高め、九八％以上にしますが、大変な重労働です。近年は、これにかわって、化学繊維の黒寒冷紗の二重被覆が多用され、レールに取り付けて遮光する覆い下茶園が大部分になっています。しかし、黒寒冷紗は熱を吸収しやすいので、チャの生理に影響を与え、摘採の適期の幅が狭くなるといわれています。

玉露と碾茶は、遮光率五〇～六〇％で一〇日間栽培したあと、遮光率九八％以上とし、一〇日後に手摘みされます。この場合、遮光率が高いので、成長が抑えられ、チャ葉はうすく広く展開して、葉緑素が増加し、葉は光沢があって鮮やかで深みのある緑色になります。被せ茶は、覆い方法を簡便にするために考え出された栽培法で、遮光率五〇％程度で七～一二日間栽培し、摘採されます。日光を受ける割合が多いほど玉露の品質より煎茶の性質に近くなるので、被せ茶は、玉露の温雅な香味と煎茶の鮮烈な香味をあわせもつといわれています。一方、煎茶は新芽を日光に十分当てて栽培する露天栽培で作られ、光を十分に受けて渋味成分をしっかり含んだお茶になります。

テアニンの合成

それでは旨味成分であるテアニンは、どのようにしてチャ樹の根で合成されるのでしょうか。

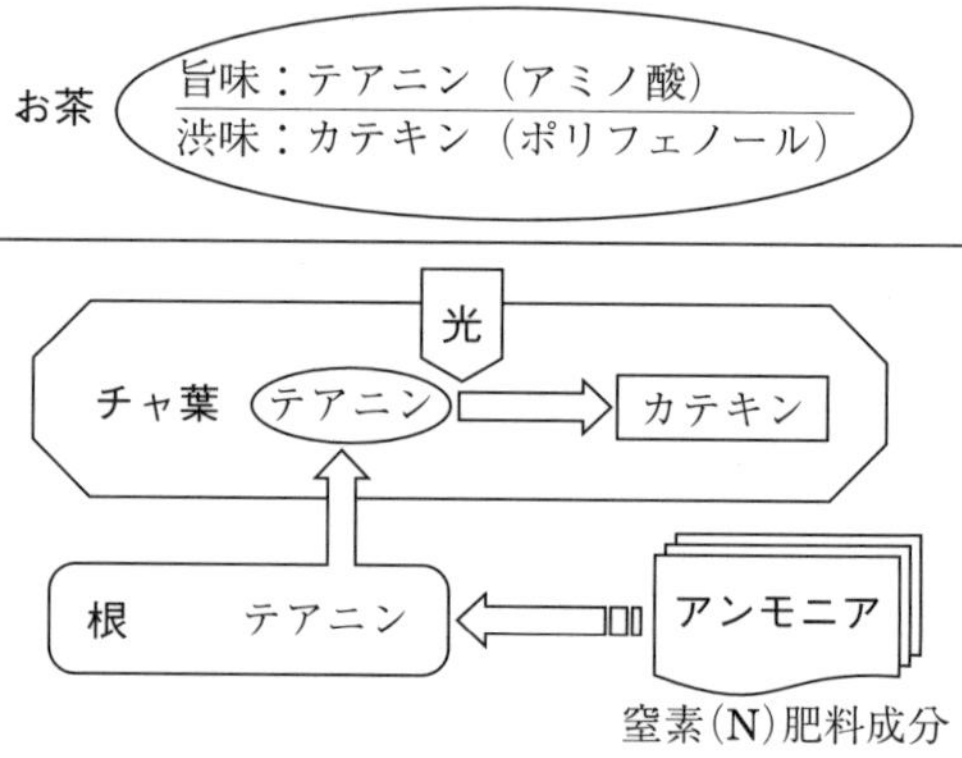

図3　テアニンの生成

植物は体を構成する九つの元素を多量必須元素として必要としますが、炭素と酸素を炭酸ガスから同化（取り入れ）する以外は、他の必須元素をすべて根から無機イオンで吸収します。

多量必須元素のうち、窒素、リン、カリウムの三元素はもっとも多く植物が必要とする元素で三大要素といわれています。特に、窒素は、植物の栄養生理の中で光合成に次いで必要な機能が窒素同化であることからも、その重要性がわかります。

土壌中の窒素の無機イオンはアンモニアイオンか硝酸イオンで存在します。チャ樹は根から窒素を吸収するとき、硝酸窒素よりアンモニア窒素を好んで吸収します。畑作物の多くは硝酸を好んで吸収する「好硝酸植物」なのですが、チャ樹は数少ない例外のひとつです。イネやクワイはチャ樹と同様に「好アンモニア植物」です。

好アンモニア植物は、根で吸収したアンモニア窒素をアミノ酸に変えて葉に送り込みますが、これをアンモニアの同化といいます。アミノ酸はさらにタンパク質に変えられます。アンモニアの同化は植物の生長にとって重要な生理作用ですから、過剰なアンモニアがある場合には、好アンモニア植物は余分なアンモニアを、アミノ酸アミドとしてたくわえます。アミノ酸アミドはアミノ酸にアンモニアが結合したものですから、アミノ酸の二倍のアンモニアをたくわえていることになります。

アミノ酸アミドは、植物によって特有のものが作られます。チャ樹の作るアミノ酸アミドは「テアニン」で、テアニン形成能が非常に大きいため、アンモニア過剰障害が起こらないことが知られています。また、チャと同じく好アンモニア植物であるイネはアスパラギンというアミドを作り、アンモニア処理能力が高いことが知られています。

このように、チャ樹はテアニンを作る能力が高いので、旨味成分のテアニンの多いチャ葉を作るためには、どんどんアンモニア肥料を与えればよいということになります。日本茶の品種は、テアニン濃度の高まりやすい種が選抜されて、現在の品種に育成され、アンモニア肥料を多量に施肥して、テアニン濃度を高めることが、古くから行なわれてきました。アンモニア肥料としては硫酸アンモニウムやリン酸アンモニウムなどがよく使われます。また、有機質肥料もアンモニア肥料と同様に多く施肥されます。油かす、魚かすなどの有機質肥料に含まれる有機体窒素は、土壌微生物の作用によって土壌中で徐々にアンモニアに無機化し、チャ樹に吸収されます。

土壌との関係

ところが、普通の畑土壌では、アンモニアは硝酸化成菌という微生物の働きで硝酸に変えられてしまいます。チャ樹のような好アンモニア植物の場合には、チャの窒素吸収と硝酸化成菌がアンモニアを巡って競合するということになります。しかし、強酸性土壌では硝酸化成菌の働きが抑えられ、土壌中の無機窒素はアンモニアだけということになります。古くから、京都の宇治の玉露茶園では、土壌を元々の強酸性のまま中和しないで、有機質肥料やアンモニア肥料をどんどん投入し、吸収したアンモニアをテアニンに変えて葉に集積させ、春に茶園全体に覆いをすることでテアニンをカテキンに変化させないという技術を見つけていたのです。また、有機質肥料に含まれる有機窒素は、酸性土壌でも速やかに無機化してアンモニア窒素に変わり、チャ樹に吸収されます。

もし、酸性土壌を中和してからアンモニア肥料を多量施肥すると、チャ樹のアンモニア吸収と同時に土壌中で硝酸化成が急速に起こりますので、チャ樹に吸収されない硝酸窒素が多くできてきます。硝酸は土壌に吸着されにくいので、雨で簡単に流亡して地下水、河川の水質を汚染することになります。以上の栽培技術の科学的な意味付けは土壌肥料学的研究の結果からわかったことです。

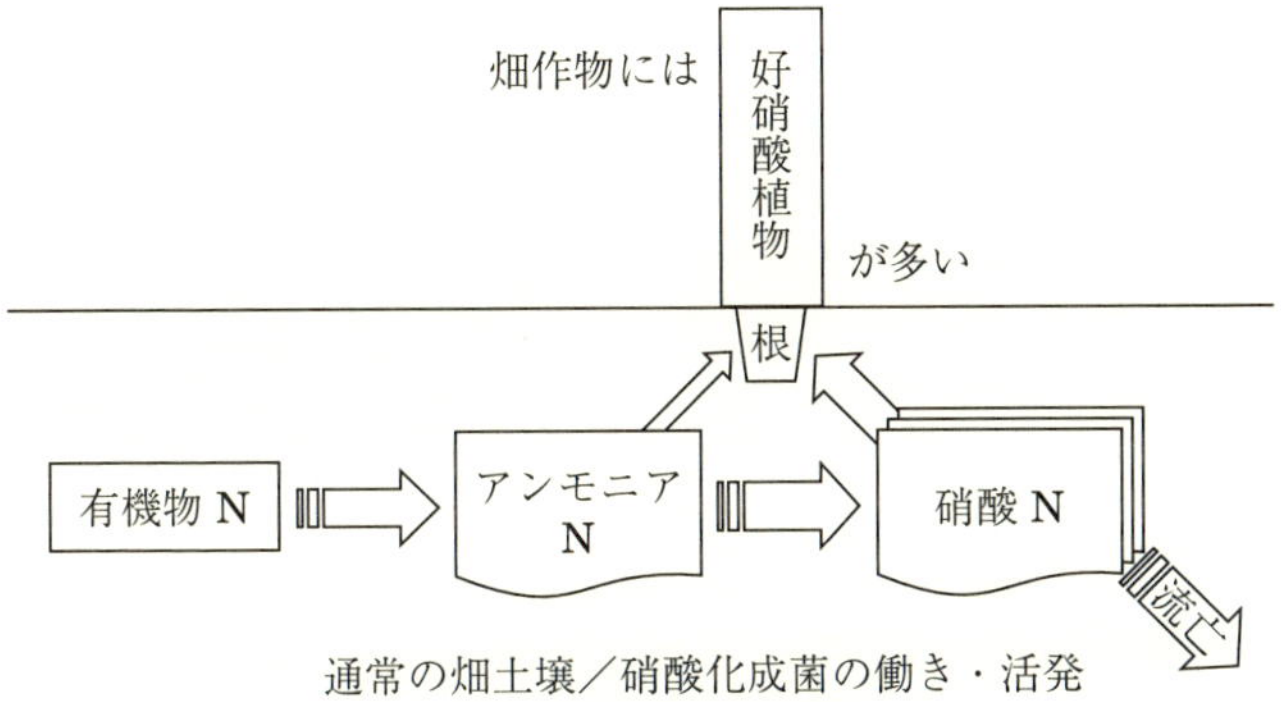

図４　土壌微生物と窒素

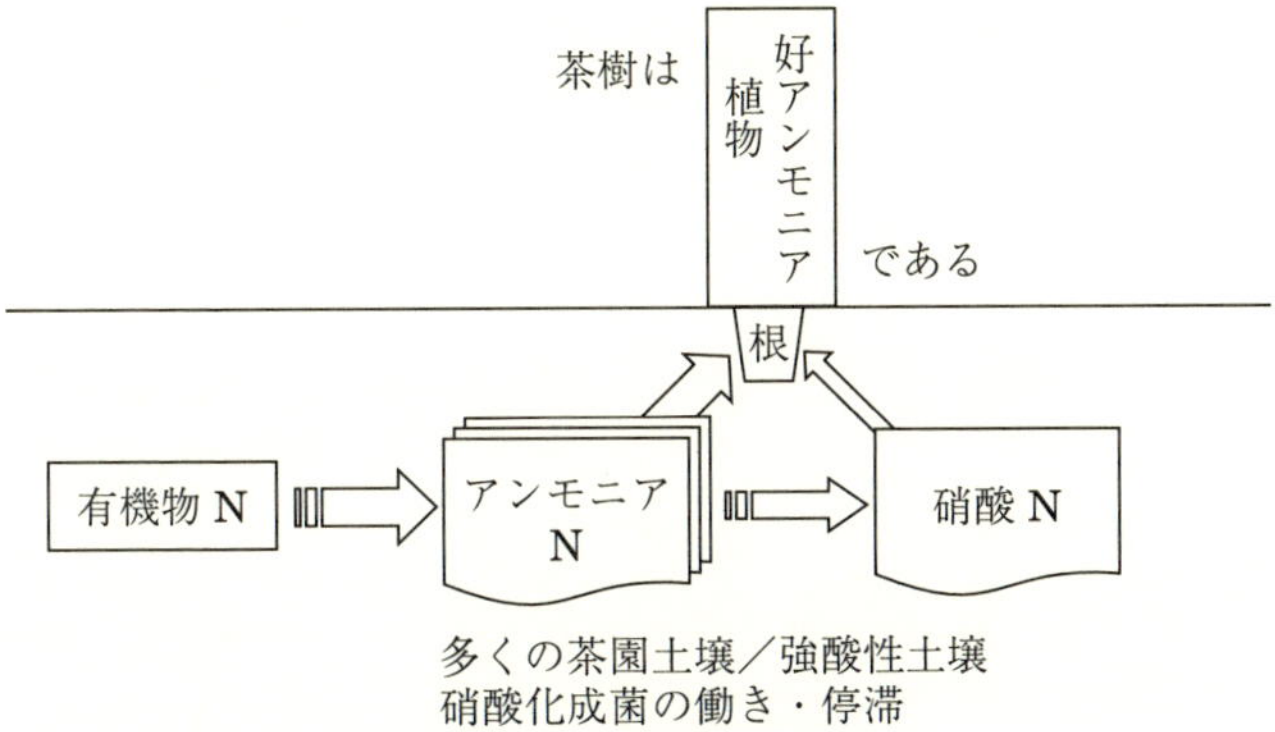

図５　茶園の窒素

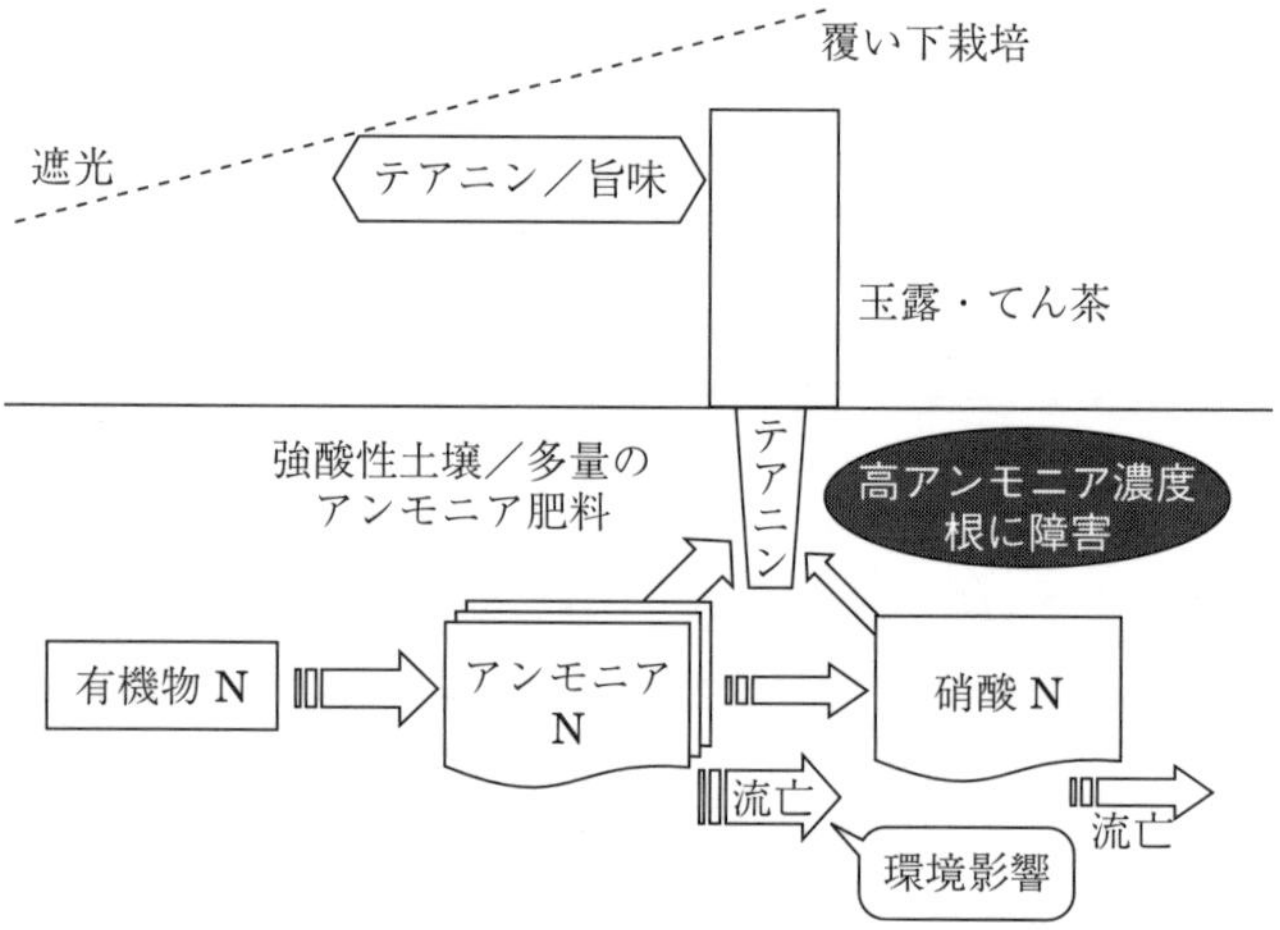

図 6　玉露園の施肥

硝酸窒素

硝酸窒素で汚染された地下水を人間が飲むと、乳児の胃では亜硝酸窒素に還元され、血液のヘモグロビンと結合してメトヘモグロビン症を発症し、呼吸不全になったり、成人ではN‐ニトロソ化合物に変化して発ガン性との関連が疑われています。平成一一年には「人の健康の保護に関する環境基準」の項目として硝酸性窒素（一〇mg／ℓ以下）が加えられ、公共用水域中の濃度が監視されています。

食品中の硝酸についても過剰摂取が危惧されており、窒素肥料を過剰に施肥して栽培した野菜の硝酸濃度が高いことが指摘されています。チャの栽培も多量の窒素肥料を施肥しますから、硝酸濃度が高くなるのではと懸念されることがあり、危険だとしている本も見受けられます。しかし、前述したように、チャは野菜類と異なり、「好アンモニア植物」であって、好硝酸植物ではありません。硝酸窒素が体内に集積することはないのです。実際に分析しても、煎茶の葉にも浸出液にもほとんど硝酸は含まれていません。

以上のように、美味しいお茶を、安定して大量に作るためには、多量のアンモニア肥料や有機質肥料の施肥が避けられませんでした。しかし、それはチャ樹の根の周りのアンモニア濃度を高めて、根にダメージを与え続けることになりますし、吸収しきれなかった肥料成分の雨による流亡が環境に与える影響も考えなければなりません。通常、窒素肥料の施肥は一回あたり一五kg／一〇a以下となるように分施され、施肥時期によって夏肥、秋肥、春肥、芽出し肥とよばれています。京都府の標準窒素施肥量は、玉露や碾茶園で、年間七八kg／一〇a、煎茶園で五六kg／一〇aとされています。しかし、お茶はテアニンを多量に含むほど風味のよい製品に仕上がり、高値で取引されることから、一般的に窒素施肥量は、標準施肥量をやや上回る傾向にあるようです。

茶の品質を維持しながら茶園からの硝酸窒素の流出を低くするには、チャ樹の窒素利用効率を高めて、窒素施肥量を少なくしなければなりません。そのため、緩効性肥料や、肥効調節型肥料である被覆肥料の利用など、合理的な施肥法の開発が進められています。

五　屑繭を利用したチャ樹の栽培

絹の製糸行程で排出される屑繭《くずまゆ》は、一部は絹紡糸（短繊維にして紡績した絹糸）の原料として流通していますが、大部分は産業廃棄物として廃棄処分されていました。私たちはその有効利用法を検討してきました。屑繭は絹糸にできない不良繭の総称で、養蚕や製糸工程で廃棄される副産物ですが、主成分は、フィブロインとセリシンからなる絹タンパク質ですから、窒素含率は約一三％と高い値になります。そして、絹タンパク質フィブロインには結晶性の高い部分が存在するため、水、お湯に溶けないことをX線回折分析で確認しました。結晶度の高い部分の存在は繊維に強度を与えていると考えられます。もちろん、フィブロインには結晶性の高い部分ばかりではなく、非結晶領域も存在しており、絹繊維に柔軟性をもたらすと考えられます。

また、土壌中では、肉や卵などのタンパク質は非常に早く分解しますが、同じくタンパク質である屑繭は微生物によって分解しにくく、分解速度が非常に遅いことを見つけました。たとえば、三〇度に保った水田土壌中で、屑繭は一八四日後に、約二一％しか分解しません。ところが屑繭を薄い塩酸で処理しますと、結晶度が低くなり、微生物分解しやすくなります。そこで、処理前の屑繭が土壌中で分解しにくいのは、結晶度の高い領域がフィブロインに存在することが原因であると考えました。これらの事実をもとに、屑繭の有効利用法として緩効性有機窒素肥料としての利用を提案してきました。

荒廃地や造成地など土壌の化学性が悪く、植物の養分に乏しい土地の緑化に、屑繭は緩効性有機肥料として十分に効果を発揮することを認めたので、チャ樹の栽培試験に適用してみました。

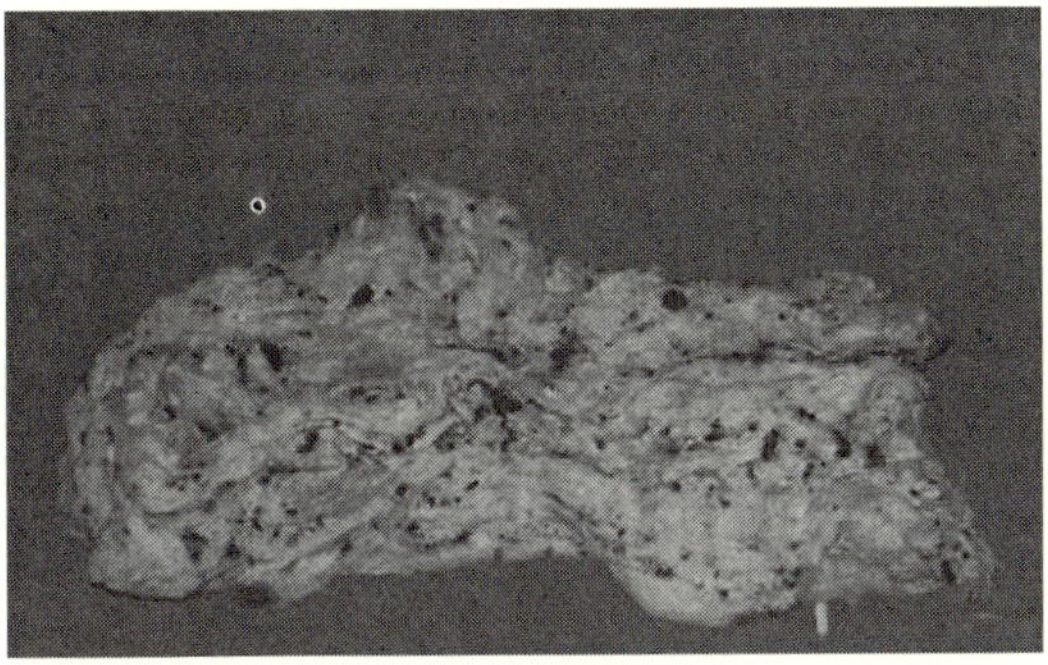

図7　屑繭

施用試験

京都府立茶業研究所の協力を得て、同研究所の玉露茶園でチャ樹の覆い下栽培を行ない、屑繭の施用試験を二年間実施しました。屑繭の施用量は慣行施肥量の約半分の窒素相当量としました。

二年目の試験結果では、一番茶の収量は、屑繭区のほうが慣行区と屑繭＋追肥区よりやや多く、品質を調べる官能審査でも屑繭区は最上位に評価されました。官能審査では、形状、色沢、香気、水色、滋味の各項目が調べられ、最も優れたものを二〇点満点として相対評価が行なわれます。屑繭区の茶は、形状だけが屑繭＋追肥区より劣りましたが、他の項目はすべてもっとも優れていました。また、荒茶に

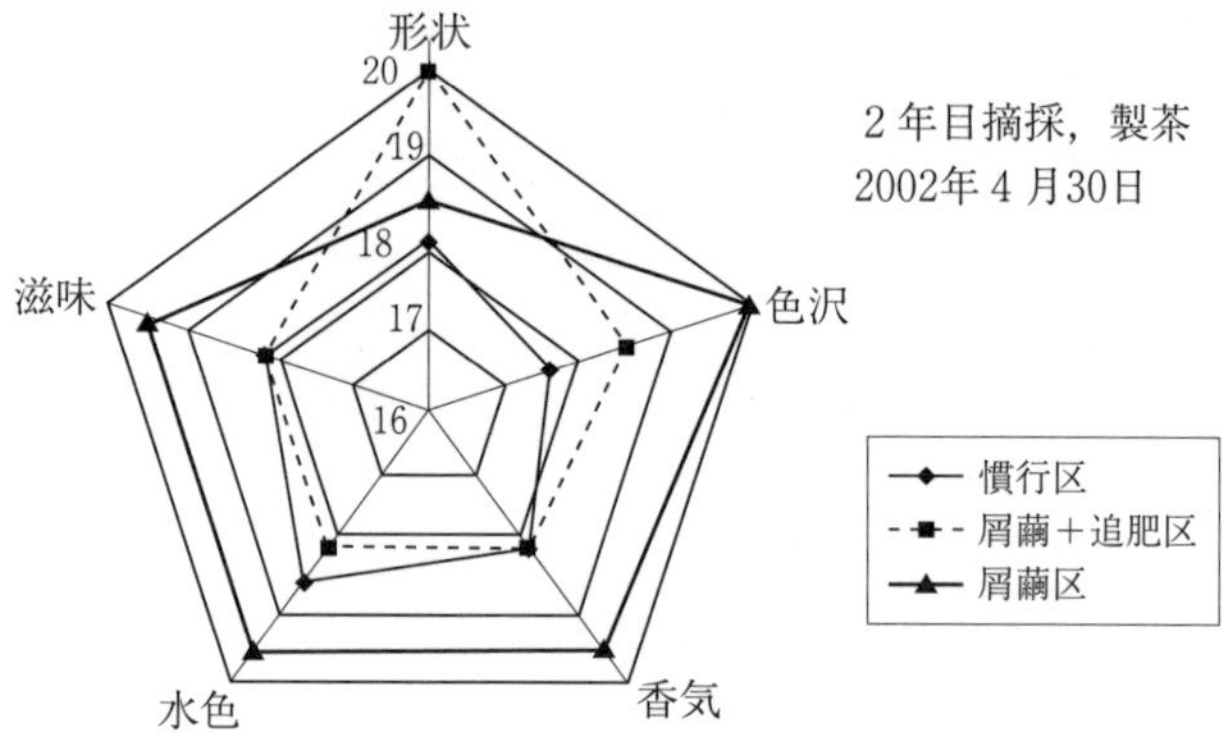

図８　玉露の官能審査

含まれる全窒素量も屑繭区がもっとも高い値でした。

なお、一年目の試験結果では、官能審査の結果は必ずしも良いものではありませんでした。長く多肥栽培を続けてきた茶園では、根が痛めつけられているため、施肥量を削減すると一番茶の品質が一年目に著しく低下しますが、二年目には根の生長回復によって茶の品質が改善することが分かっていますので、この実験でも実験開始前のチャ樹の根の状態はあまり良くなかったと考えられます。二年後に、土壌から回収した屑繭の残渣を調べると、屑繭の中にチャ樹の根が進入しており、根の状態も健全であることがわかりました。これは、屑繭の無機化が緩やかに進行するため、濃度障害が起こらないことを示しており、屑繭が緩効性有機肥料として十分に効果を発揮することが分かりました。

これらの結果から、屑繭を年一回、慣行施肥量の半分の窒素量を施用することで、茶の収量を低下させず、良い品質の茶を収穫できることが明らかになりました。屑繭が土壌中でゆっくりと分解してアンモニアが生成し、直ちにチャ樹が吸収するため、アンモニア濃度も過剰に高まらず、根が健全な状態に成長し、テアニンをたっぷり含んだ新芽がたくさん生育することが分かりました。

六　まとめにかえて

日本茶の旨味について、チャの栽培法、製茶法、淹れ方が、旨味成分「テアニン」と渋味成分「カテキン」の量を左右することを書いてきました。

日本茶の品質・香味は、旨味、渋味、苦味、香りの組み合わせによって決まるといわれています。このうちの、香り成分についてはまったくふれませんでしたが、青葉のさわやかな香りの青葉アルコール、青のり様の匂いのジメチルスルフィド、スズラン系の爽やかな香りのリナロール、カンキツ系の香りのリモネン、ゲラニオールなどであることが分かっています。そして、これらの成分は、栽培法の違いによって生葉に含まれる量が変わったり、製茶過程で多くなったり、少なくなったりする成分があることも知られています。

美味しい日本茶の香味は、長い年月を経て完成された味といえるもので、経験則にもとづく卓越した技術によって、その香味が受け継がれ、作り続けられています。香味のうち、旨味・渋味のバランスに関しては、現代人の嗜好がそれほど変化したとは思われませんが、香りに対する嗜好性はいくぶん変化してきているように思われます。

近年、消費量が大幅に増加しているペットボトル入りや、缶入り、紙パック入りの緑茶は、伝統的な日本茶の香味とまったく異なる味の飲み物になっています。特に、香りについてはほとんど配慮されていないように思われます。今後、香り豊かな緑茶の開発が行なわれると期待しています。

参考文献

高橋英一『ここまでわかった作物栄養のしくみ』農山漁村文化協会、一九九三年

大石貞夫『茶の栽培と製造Ⅰ』大石貞夫著作集3、農山漁村文化協会、二〇〇四年

大石貞夫『茶の栽培と製造Ⅱ』大石貞夫著作集4、農山漁村文化協会、二〇〇四年

武田善行編著『茶のサイエンス　育種から栽培・加工・喫茶まで』筑波書房、二〇〇四年

邑瀬章文他「チャの栽培における屑繭の施用効果」『土肥誌』七五巻、一二三七頁、二〇〇四年

※「煎茶の摘採」「覆い下茶園」の写真を提供していただいた、京都府農林水産部・藤井孝夫氏に篤くお礼申し上げます。

大豆食品――豆腐・揚げもの・湯波――

岩見公和

一　豆腐の系譜

豆腐の歴史を繙《ひもと》くとき、創始者として決まって出てくるのが漢の淮南《わいなん》王・劉安《りゅうあん》です。大豆を煮て豆乳を得た段階で偶然に凝固物も得る機会があったか、或いは当時すでに豆腐が作られており、支配地域の特産品として朝廷に献上したことによって、後世にその名が残ったのかも知れません。

しかし、唐以前の古文書に豆腐に関する記録はなく、「斉民要術（北魏）」の大豆の項でも豆腐は何も言及されていません。一方、北方や西域遊牧民の間では乳腐が広く食べられている事実から、大豆に由来する半凝固豆乳を乳腐に準《なぞら》えて豆腐と称し、漢民族の食生活に取り込まれていったとするのが理に適った説明のようです。

日本への伝来と普及

それでは中国の豆腐がいつ頃日本に伝わり、今のような形になったのでしょうか。最も可能性の高いのは、遣唐使或いは宋時代の僧侶が製法を持ち帰って奈良、平安、鎌倉時代を経て、肉食を禁ずる教義とも相まって寺院厨房の貴重なタンパク質源として和風に改良が加えられたとする説です。寺院の精進料理は貴族や町家に伝えられ、都を訪れた人々の体験を介して一般庶民の食品として全国各地に広まっていったのでしょう。

豆腐料理がどのくらい人々の間に浸透し多種多様であったかは、江戸時代（天命二年、一七八二）に料理書『豆腐百珍』、ついで翌年、翌々年に『豆腐百珍続編』『豆腐百珍余禄』が刊行されベストセラーとなったことからも、うかがい知ることができます。因みに豆腐百珍は酔狂道人何必醇《かひつじゅん》（曽川学川）輯となっており浪華（大阪）で刊行されたもので、尋常品・通品・佳品・奇品・妙品・絶品の六等に分類され、尋常品は家々で通常扱い料理するもの及び料理家の口伝にあるものを尽く記し、通品は口伝が無くても料理法を誰もが知っているので名ばかりを記したとなっています。

中国から伝来した豆腐は水分が少なくてきわめて堅く、これが京都で名水を得て「京豆腐」となり、湯豆腐にせよ冷奴にせよ、春夏秋冬思いつくままに四季折々の薬味を添えて柔らかで滑らかな感触と共に、タンパク質と脂肪や糖分の醸し出す淡白の中にも微妙な味を愛でる伝統食品に昇華し、現在に至っています。

二　豆腐の種類と製造法

我国で作られている豆腐の種類は地域限定品も含めて数多くありますが、現在最もポピュラーなものは木綿豆腐・絹濾し豆腐・充填豆腐の三種類です。

いずれも大豆を精選して夾雑物を除き、水に漬けて吸水後、水を注ぎながら磨砕し、大豆タンパク質の熱変性、ならびに大豆から持ち込まれた微生物の殺菌と酵素（リポオキシゲナーゼおよびヒドロペルオキシドリアーゼ）作用に起因する青臭さの除去を目的とする磨砕物（呉《ご》）の加熱を行ない、青臭みが抜け豆乳独自の匂いが出現したところで圧搾機または回転篩に呉を流し込み、豆乳とおからに分離します。伝来の生絞りでは生呉のままおからと分離した生豆乳を加熱していましたが、江戸時代には加熱絞り（煮とり）法が大勢となっています。何れにしましても、ここまでは豆乳濃度や規模を除いて木綿豆腐・絹濾し豆腐・充填豆腐に概ね共通の工程となりますが、凝固・成型の仕方は各豆腐間で異なっています（図1）。

木綿豆腐　大豆に対して約一〇倍の加水量で得られた豆乳には、大豆の六〇%相当の固形分（タンパク質は約八〇%）が移行します。豆乳温度が七〇度になったとき櫂《かい》で撹拌しながら、温湯に懸濁させた凝固剤（硫酸カルシウム）を大豆重量の二%程加えてよく掻き混ぜ、そのまま

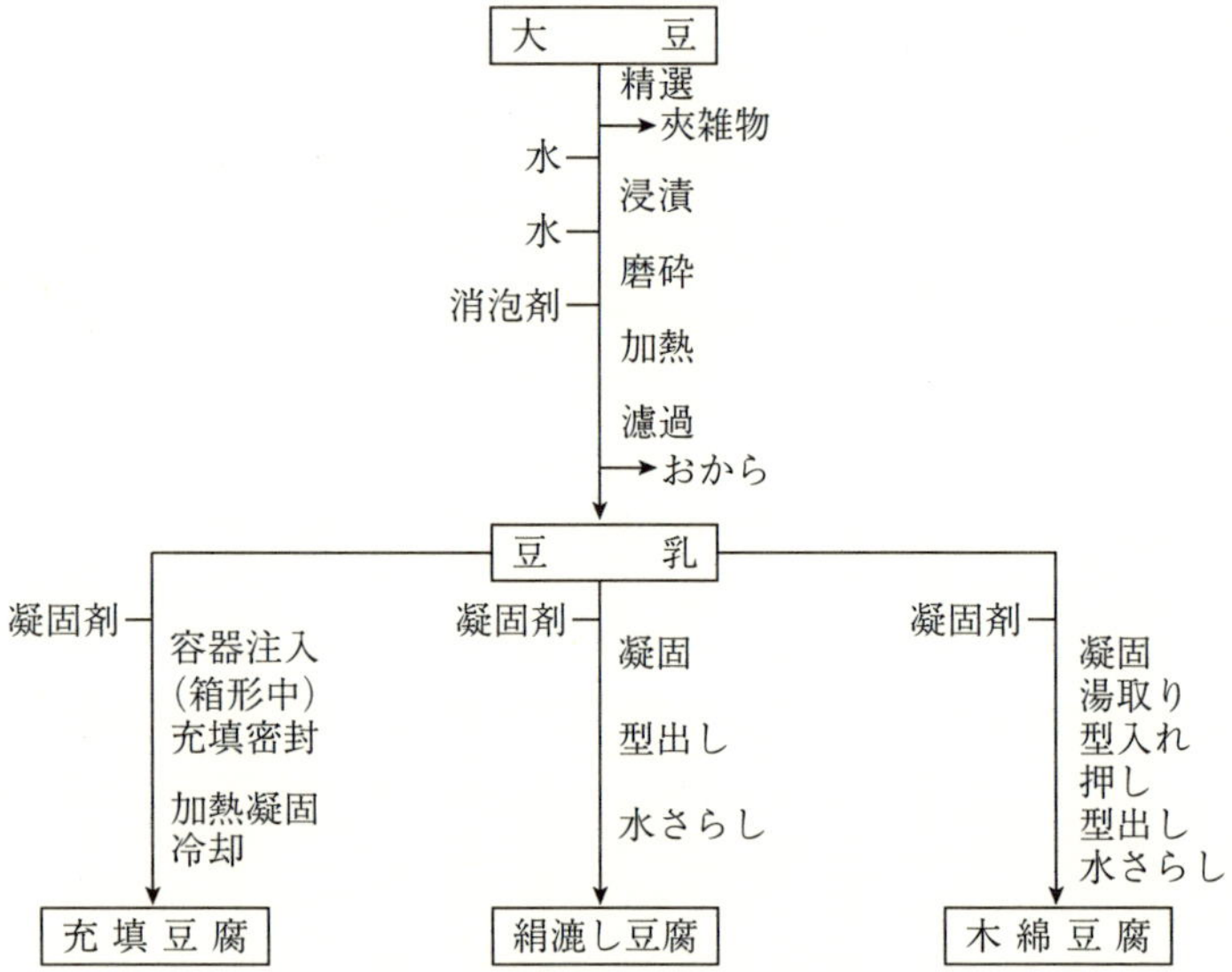

図1　豆腐の製造工程（概略図）

放置（一〇分）して凝固反応を進め、必要に応じて凝固物を壊して上澄み（ゆ）を除き、布を張った型箱に凝固物を移して押し蓋を乗せて重しで圧搾（約二〇分）、水槽の中で豆腐を取り出せば製品となります。豆腐の断面は不均一で空隙があり、口当たりも場所によっては多少堅く、型箱に布を敷いて押しをするため豆腐の側面に布目がつきます（木綿豆腐のいわれ）。明治・大正時代までは麻の織物で漉しており、木綿を使い出したのは昭和の初めで、箱敷きは木綿でないと品質や味の微妙な成分が抜けるといわれてきました。

絹漉し豆腐　加水量は大豆の約五倍で、豆乳中の固形物が一〇％程度の豆乳を凝固剤と均一によく混ぜる（型箱に豆乳を注ぎ込むとき勢いよく凝固剤と一緒に加える）と均一な凝固物ができ、そのまま三〇分おくと全体がゲル状に固まります。水槽中で流水にさらし一定の大きさに切って商品とします。工程で絹を用いることはいっさいありません。絹漉し豆腐とは、その均一な断面の滑らかな舌触りから、木綿豆腐に対比して付けられた名前です。

充填豆腐　加水量五～六・五倍（固形分六～八％）の冷却した豆乳を〇・三％相当の凝固剤（グルコノ-δ-ラクトン）と混ぜて連続的に容器に注入後密封、九〇度で湯煎しながら凝固を促進、四〇～六〇分後直ちに冷却保存したものを充填豆腐といいます。低温で一週間以上の保存に耐え、幾らか粘りが少なく割れやすいものの、きめが細かく滑らかな舌触りを持っています。

三　豆腐加工品

豆腐を加工した食品に焼き豆腐、凍り豆腐、油揚げ、飛龍頭《ひろうず》（雁擬）、厚揚げなどがあり、揚げもの類については「豆腐百珍および続編」には「揚げ豆腐」「揚げながし」「まる揚げ豆腐」「飛龍頭」「豆腐かん」が記載されており、この頃すでに豆腐の揚げものは庶民の間に広く知られていたようです。豆腐の揚げものは元の豆腐よりも軽くて保存性に富み、運搬中の破損も少ないので普及が容易であったと考えられます。

江戸時代以降今日まで、これら揚げもの類は全国津々浦々で食用に供されており、揚げもの専門工場が関西地方に多いとはいうものの、使用した油と揚げ過程の褐変反応によって生じる加熱風味が豆腐の淡白な味を打ち消してしまっているために、揚げものに生産地を冠した有名銘柄はありません。

油揚げ　油揚げ用の豆腐は、最終的に水分を少なくする必要があり、豆乳凝固物の撹拌を充分に行なって堅目に仕上げ、これを薄く切って押しをして充分に水切りしたものを用います（揚げ生地）。油揚げに際しては、第一段階の加熱（一一〇～一二〇度）で生地を大きく膨張させ、次いで高温（一八〇～二〇〇度）の鍋で表面から水分を蒸散させて仕上げます。

厚揚げ　厚揚げは厚めの豆腐片を水切りして、直ちに高温で揚げたもので、中温での伸ばし工程がないので生地が概ね原型を保ったまま、油との接触面のみ黄褐色となります。

飛龍頭　飛龍頭はポルトガルの食品 Filhos の音に漢字を当てたもので、「彼国の語の由なり、粳《うるち》米粉・糯《もち》米粉各七合を水にて練り合わせて茹で油揚げにしたる」（紅毛雑話）とあり、さらに元禄一〇年に著された『和漢精進料理抄』中の豆腐巻には、その作り方として「牛蒡・木耳《きくらげ》を針に切り油にて炒りつけ豆腐に葛粉を少し混ぜて擂《す》り鉢で磨《こす》り麻の実を入れてよく握り混ぜ、卵の如く丸めて油に揚げたものを、醤油をよく煮たる中に入れて少し煮る」と書かれています。水溶きした粉を熱い油に落すと粉が油の中で跳ね、龍の角のようになる様子から連想されたものとの説がある一方で、同じ類の品を関東では雁擬《がんもどき》と称して雁の肉に似た味がするところにその名の由来があると言い伝えられています。何れの名称にせよ、食味は素材と具の種類や量によって大きく異なりますので、創意工夫を加えて現代人の嗜好に適した製品を作り出すことも可能です。

焼き豆腐　堅目に作った豆腐の水を切り、竹か金属製のあぶり串を刺して直火で焼き、表面が焦げて特有の風味の出たものを指し、料理中に煮崩れを起こさないため、すき焼き、鍋もの、夫婦炊き（厚揚げと共に煮る）のような献立に用います。

凍り豆腐　豆腐を寒気に曝《さら》して凍結させ、解凍後の海綿状凝固物を圧搾により脱水すれば得られ、豆腐とは感触の異なる保存食です。昔は厳冬期に氷点下となる地域で作られていましたが、現在は大規模工場で年間を通して製造されています。別名「高野豆腐」と称されるように、古くは高野山の寺院が製造と普及にかかわり、京都の寺院の関与はあまりありません。豆腐の風味の主体を成す水分や低分子成分が失われ、物性的にも著しい変化が起きているため原料豆腐とのつながりは希薄です。

四　湯　波（葉）

湯波は加熱した豆乳の表面にできる皮膜を集めて作った食品で、江戸時代の豆腐ブームと共に広まり、嘗《かつ》ては一般的な食品としてよく食べられていましたが、食生活の変化につれて食卓から遠のき、今では京都や日光特産の伝統食品として辛うじて命脈を保つ存在になっています。

味わいと歴史

湯波には独特の風味があり、汲み上げ或いは引き上げのタイミングによってその味わいが異なります。初回の汲み上げ湯波を掻《か》き混ぜたものは柔らかく、そのままか或いは醤油を付けて食べますが、それには「微かなほろ苦さと仄かな甘さをたたえた奥床しい滋味」があり、引き上げ回数に応じて味と色調も微妙に変化し、加熱進行と共に「コクのある味は噛むほどに味を増す」と表現されます。湯波製造工程の末皮は色濃く分厚くなって見た目は悪くなりますが、糖分を多く含んで甘味が強く安価なため需要は高いものの、集荷がはかどらず品薄とのことです。

食習慣が変っても湯波の風味を好む人は多く、精進料理はもとより和風旅館や料亭などでは今でも趣向を凝らして食膳に供されています。豆腐を作る際、大豆磨砕物（呉）を加熱して豆乳を漉し分け、そのまま高温で放置すると表面に皮膜が張る現象を、実際に食べてみたかは別として豆腐製造に携わった人は知っていたはずです。

平安時代初期、中禅寺を建立し日光山の開基となった勝道上人が日光湯波の創始者と伝えられていますが、これが事実とすれば豆腐と湯波の製造法は時期を違わず中国から伝来し、京湯波も日光湯波もルーツが同じとみることができます。しかし豆腐それ自体が貴重な時代に湯波が専門的に作られることはなく、京湯波は後世の食文化変遷に伴う奥義や秘伝の競い合いの中で、精進料理や供養膳あるいは饗応膳の一品として登場し、今に残る伝統食品として定着したのでしょう。

生産と消費

京都は歴史的に湯波の最大消費地で、地下水の汲み上げ可能な市街地各処に享保元年創業の老舗を始めとして、古くからの由緒ある数多くの湯波製造所が点在し、その生産量は他の生産地に比べても群を抜いています。とくに保存性の低い生湯波については、冷蔵技術の進んだ現在でも作り置きは品質保持のためには必ずしも有効でなく、需要と供給の近接した地理的条件を背景に日々の営み（摺り合わせ）が行なわれているようです。

湯波は中国では「腐皮」と呼ばれ、生絞り豆乳を熱して表面に固まる膜をすくいとって作られますが、生乾腐皮の何れをとっても中国産のものの方が弾力も強く丈夫な印象を与えます。

薄くても破れ難くしなやかな腐皮は、今でも中国料理にとって欠かせない食材のひとつです。京湯波と中国腐皮の強靭さの差異は、おそらく用いる豆乳濃度の違いによるところが大きく、和食で好んで用いられる生湯波ではそれ自体の感触を生かした料理法が工夫されています。

江戸時代中期、巷間には「巻きゆば」「絞りゆば」「広ゆば」「茶巾ゆば」「糸巻きゆば」「重ねゆば」「小巻きゆば」など様々な湯波製品が売り出されており、今以上に多彩であったことがうかがえます。湯波の味の真髄は取り立ての生湯波にあるとするのが斯界の共通認識ですが、生産効率が低く（皮膜収率*五〇〜六〇％）、加えて同一原料同一製法でも皮膜毎の組成はまちまちで、均一の製品を安定供給するのは至難です。充填豆腐及び凍り豆腐の製造では機械化が進み生産規模も大型化していますが、湯波では製造工程に効率化を妨げる要因があり、設備・労働力・生産コストの点から販路を拡張しても対応できないのが実情のようです。

＊皮膜収率：湯波の原料となる豆乳中に含まれるタンパク質や脂肪等の成分が、湯波の皮膜として回収される割合。

五　材料大豆の需要状況と品種改良

中国を原産とする大豆が我国に伝来したのは約二千年前で、以来五穀（米・麦・粟・稗・大豆）のひとつとして重要な食料の一環を担ってきました。その高いタンパク質含量のゆえに、

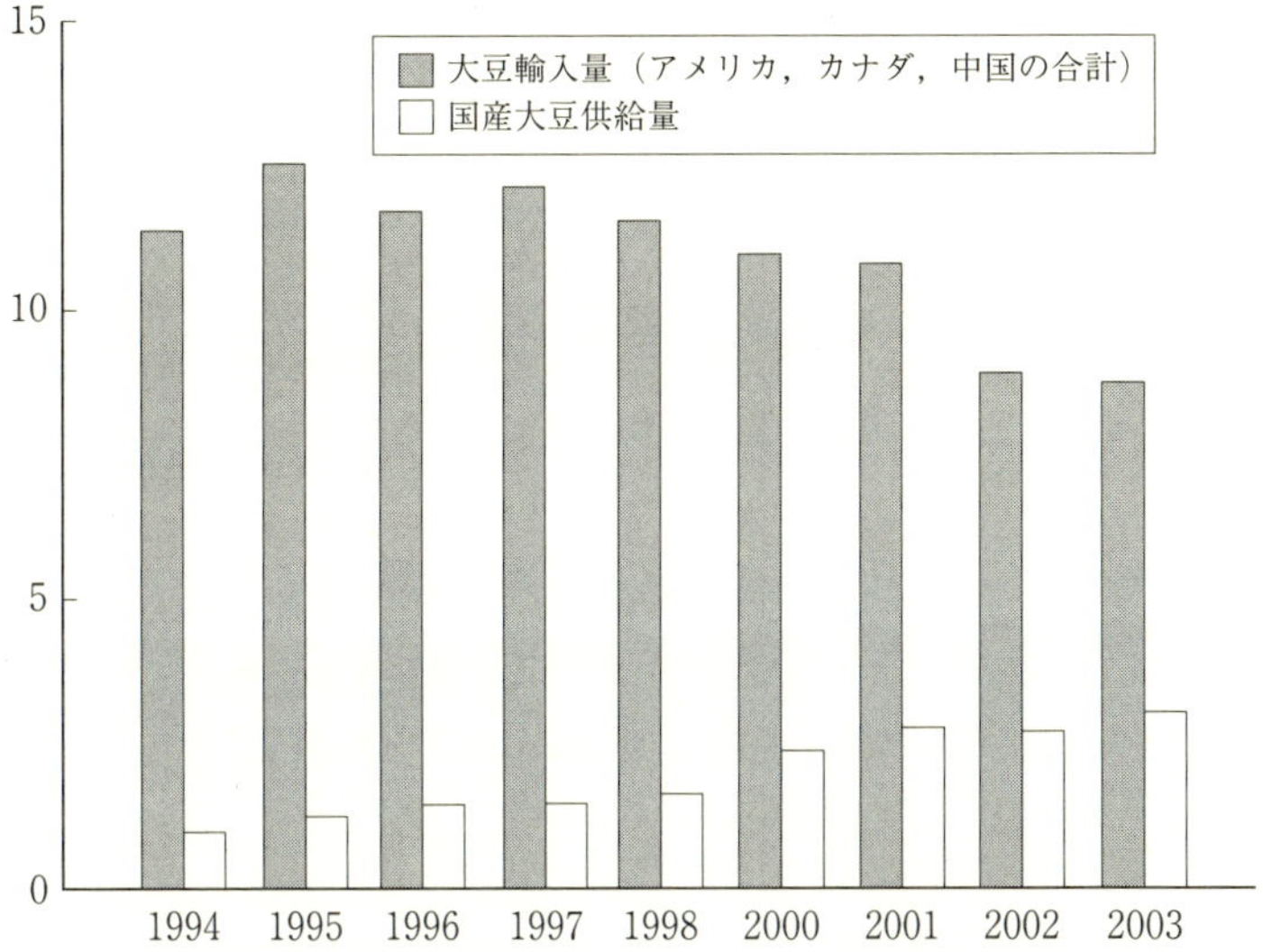

（大豆油糧日報の推計より）

図2　食品用大豆輸入量と国内産大豆供給量の推移（$\times 10^5$ トン/年）

食形態がどのようなものにせよ、宗教的理由によって畜肉食の機会を失った人々のタンパク質補給に貢献したことに疑いをはさむ余地はありません。

国産大豆

一九六〇年代の食料輸入自由化以降、安価なアメリカ産大豆が大量に入るようになって国産大豆は減少の一途をたどり、一九九〇年代初頭には食品用大豆輸入量（約一一〇万トン／年）の一〇％以下に落ち込みました。二一世紀になって国産大豆振興の政策的後押しもあって二〇％台に回復し（二〇〇二）、このところ年々漸増の傾向にあります（図2）。

その背景には、諸外国で遺伝子組換

表１　国産大豆品種別作付け面積と特徴

（農水省『国産大豆の品種の事典2002』より）

品種名	作付け面積(ha)	寡占率(%)	備考
フクユタカ	35,268	23.5	全国的に栽培され寡占率１位。 昨今，やや減少傾向
エンレイ	19,386	12.9	古くから全国的。 長野農業試験場での育成品種(S46)
タチナガハ	11,873	7.9	北関東(栃木)で多い。 大粒で裂け難く煮豆や豆腐用
リュウホウ	8,632	5.8	東北６県では最も多く栽培。 機械化収穫に向く
スズユタカ	6,907	4.6	これまで福島，山形両県で栽培。 今後作付け減る見込み
タマホマレ	5,007	3.3	近畿，中国地方の栽培が中心。 糖分多くタンパク質少ない
トヨコマチ	4,722	3.2	北海道の銘柄トヨマサリの一品種。 甘味強く煮豆に最適
おおすず	4,374	2.9	青森県で栽培され地域限定。 病害抵抗性少ないとの評
トヨムスメ	4,190	2.8	トヨコマチと同様の食味。 銘柄豆だが栽培がやや難しい
ミヤギシロメ	4,131	2.8	宮城県で育成され県内で栽培。 煮豆，菓子，豆腐用に向く

え大豆の作付面積が拡大しつつあるのに対し（アメリカ合衆国で八一％）、我国では消費者に遺伝子組換え大豆に対する拒否反応があり、また食品表示制度の施行によって輸入業者に遺伝子組換え大豆の取引を差し控える動きがあるからです。

国産大豆は製油用に振り向けられず原則として全て食品用で、用途別には豆腐及び揚げもの用がほぼ半分を占めています。品種的にはフクユタカ（二三・五％）とエンレイ（一二・九％）の二品種が国産大豆の三六・四％を占め、豆腐や湯波の製造にはタンパク質含量が高く、且つ糖分の多いものが賞用されています（表1）。

最近の国産大豆品種改良の動向として興味深いのは、フクユタカとエンレイを掛け合わせたさらに高タンパク質含量の「サチユタカ」が、岡山・山口・島根・広島・兵庫各県で奨励品種に指定され、豆腐に淡い緑色を付ける「青丸くん」や「キヨミドリ」が東北と九州で栽培され、健康指向を意図してイソフラボン含量の高い「フクイブキ」の導入が計られていることです。

六　大豆タンパク質の栄養価と食品機能

一般に穀物タンパク質は、リジンやメチオニンを制限アミノ酸（人体にとって摂取必要量に満たない必須アミノ酸）とする場合が多く、長らく植物タンパク質の栄養価は動物タンパク質のそれに比べて劣ると考えられてきました。

食品タンパク質の栄養価は数多く行なわれた必要量の試験から、イソロイシン、ロイシン、リジン、含硫アミノ酸（メチオニン＋システイン）、芳香族アミノ酸（フェニルアラニン＋チロシン）、スレオニン、トリプトファン、バリン、ヒスチジンの九種の必須アミノ酸の存在比を反映したものであることが明らかとなっており、本来人体実験によって定めるところを現在では一九八五年制定のＦＡＯ（国連食糧農業機関）・ＷＨＯ（世界保健機関）・ＵＮＵ（国際連合大学）

表2　大豆全粒，精白米，脱脂粉乳のタンパク質栄養価比較
――アミノ酸スコア算定例――

	国産大豆全粒				精白米				脱脂粉乳			
	アミノ酸組成 (mg/g タンパク)	アミノ酸スコア			アミノ酸組成 (mg/g タンパク)	アミノ酸スコア			アミノ酸組成 (mg/g タンパク)	アミノ酸スコア		
		学齢前	学齢期	成人		学齢前	学齢期	成人		学齢前	学齢期	成人
イソロイシン	51.0	182	182	392	42.6	152	152	328	52.9	189	189	407
ロイシン	82.2	125	187	433	83.8	127	190	441	97.1	147	221	511
リジン	68.0	117	155	425	36.8	63	84	230	76.5	132	174	478
含硫アミノ酸	34.0	136	155	200	48.5	194	220	285	32.4	130	147	191
芳香族アミノ酸	93.5	148	425	492	95.6	152	160	503	91.1	145	414	479
スレオニン	39.7	117	142	441	35.3	104	126	392	41.2	121	147	458
トリプトファン	12.5	114	139	250	15.6	142	173	312	13.8	125	153	276
バリン	51.0	145	204	392	63.2	181	253	486	61.8	177	247	475
ヒスチジン	31.2	164	164	195	26.5	139	139	166	29.4	155	155	184

アミノ酸スコアはFAO/WHO/UNU(1985)のアミノ酸評点パターンに基づいて学齢前（2～5歳），学齢期（10～12歳）および成人に対して計算した。100未満のアミノ酸を各年齢に対する制限アミノ酸といい，低値を示したアミノ酸の補足によって当該食品のタンパク栄養価を改善できる。

のアミノ酸評点パターンに準処して簡便に求めることができます。

それによりますと、大豆タンパク質の栄養価は対象が乳児の場合、計算上はトリプトファン（必須アミノ酸存在割合七四）、含硫アミノ酸（八一）、ロイシン（八八）、スレオニン（九二）、バリン（九三）が必要量に不足する制限アミノ酸となりますが、離乳食は消化吸収効率やアレルギー感作の観点から単に栄養価だけではなく慎重に選択されます。

一方、学齢前（二～五歳）、学齢期（一〇～一二歳）、成人を対象とした場合、大豆タンパク質に含まれる全ての必須アミノ酸が充足して制限アミノ酸はなく、動物由来の肉や乳に匹敵する

栄養価を持ち、大豆タンパク質及びその加工品が「畑の肉」といわれる所以です（表2）。

大豆成分の食品機能

大豆油の脂肪酸組成はリノール酸（五三％）、オレイン酸（二四％）、α-リノレン酸（八％）、パルミチン酸（一〇％）、ステアリン酸（四％）から成り、不飽和脂肪酸が八五％を占めています。特に半分以上占めるリノール酸は元々栄養的に不可欠な脂肪酸で、その過剰摂取は大腸がんや乳癌発生の遠因となるかもしれないと危惧されていますが、他方、飽和脂肪酸と違って、血中コレステロール取り込みに関与する肝臓ＬＤＬ受容体の機能低下を引き起こさず、所要量を摂る限りにおいては健康を損なう恐れはないといえます。

全脂肪酸の四分の一を占めるオレイン酸はオリーブ油の主成分で、健康食として日本型食事と双璧の地中海式食事においては好んで用いられています。多価不飽和脂肪酸自体は酸化を受けやすく、生じた過酸化物が食品劣化をもたらし生体に対しても悪影響を及ぼしますが、大豆油中にはα-トコフェロールなどのやポリフェノール抗酸化物質が含まれ冷暗所で長期保存に耐えます。

豆腐や湯波は、そのような脂肪酸から成る油滴を疎水領域に包含したタンパク質／油脂比三対二の食品ですが、良質タンパク質の供給源として多量に食しても、大豆油の飽和脂肪酸含量が低いので、皮下或いは内臓周辺に脂肪が蓄積することはありません。

実験動物を用いた最近の研究によれば、大豆タンパク質の持続的摂取はカゼイン食（対照）*に比べて血中コレステロール値の上昇抑制的に働き、循環器疾患の予防だけでなく広く生活習慣病発症リスクの軽減に有効であることが報告されています。また大豆種子の胚軸に多く含まれ、磨砕に伴ってタンパク質に取り込まれて豆乳に移行し凝固成型品中に残るイソフラボンの、生体内吸収後の弱エストロゲン作用が骨粗鬆症に及ぼす影響、イソフラボン構造中のフェノール性水酸基が循環血中で抗酸化作用を発揮することも、今多大な注目を集めている食品機能です。

さらに大豆タンパク質の消化産物中に出現し体内に取り込まれる各種ペプチドの様々な生理効果や、調理加工によって修飾（成分の化学的変化）が起き、難消化性となった残渣《ざんさ》の二次胆汁酸捕捉*による解毒効果など新規な食品機能の発現が知られており、ヘルシー食品として世界的に評価の高い大豆タンパク質加工品は、タンパク質自体だけでなく混入した大豆由来の低分子物質まで視野を拡げ、今なお活発な研究が続けられています。

*カゼイン食（対照）：カゼインは、牛乳から抽出される純度の高い粉末状タンパク質。カゼイン食とはこのカゼインを用い、比較評価のため研究用に設定される食餌で、食品タンパク質の栄養価や機能を論じる際に基準となるもの。

*二次胆汁酸捕捉：小腸に分泌された一次胆汁酸が腸内細菌の作用を受けて脱水酸化した大腸癌誘発因子とし

て危険性の高い二次胆汁酸を、或種の食物成分が優先的に捕える現象。

参考文献

岡本奨・渡辺研『湯葉　蛋白質皮膜食品の化学』東京農工大学食品化学研究室同窓会、一九七六年
渡辺篤二・齋尾恭子・橋詰和宗『大豆とその加工』建帛社、一九八七年
『月刊専門料理』一一月号（特集・再発見、豆腐と湯葉の多彩な魅力）、柴田書店、二〇〇三年

京漬物——漬物づくりの仕組み——

大西正健

はじめに

本章では、京漬物を研究対象にして、漬物一般に通じる基本的な漬物づくりの原理を探り、とくに化学的な成分に主眼を置いて、従来あまり述べられてこなかったような観点から漬物の美味しさ、その秘密を考究しようとしました。漬物づくりの基本、生成・製造の仕組み、漬物成分から産業漬物にわたる課題を、古い時代から現代にいたるまでの歴史的な時間軸で捕捉してみるのも興味深いことと考えます。（ここで、京漬物というときの「京」は、〝京都府内〟と広く解釈しています。）

それではまず、なぜ漬物づくりをするのかを考えることから始めましょう。その後続いて、何が漬物の食原材として使われるのか見ていくことにします。

一　漬物づくりとその原材

漬物をつくることにどのような理由があるのでしょうか。冷蔵庫や冷凍庫のような設備を知らない時代から、漬物はつくられてきました。このような時代から、漬物づくりに使われた食原材は、野菜をはじめ果物などかなり多岐にわたっていますが、いずれも生鮮食材であることから、その保存に関わっていることが容易にうかがえます。すなわち、漬物づくりは食品、食材を長期にわたり保存することを目的とされたのです。したがって、美味しさはそれほど重要な要因になってはいなかったと思われます。しかしながら、現在の時代はそういうわけにはいかず、漬物は食味を楽しむ食材のひとつとして位置付けられており、美味しくなければ食品として存在し得なくなってきています。とすれば、美味しいつくり方が大きな決め手となってくるでしょう。

では、現在どのような手法を用いて漬物づくりは行なわれるのでしょうか。

①発酵を伴うつくり方、②発酵に依らないつくり方、③調味料で味付けを仕上げする方法（この場合漬ける工程がほとんどない）、以上の三つに大別されます。そこで、重要な食原材になっている野菜をとりあげて、漬物のつくり方と風味の関係を見ておくことにしましょう。漬物づくりの技術的および科学的な基本原理は本章の後半で詳しく解説します。ここではつくり

方についてはその概略を簡潔に述べるにとどめます。

食原材として使われる野菜に、食塩を添加すると、植物体（野菜）を構成する細胞から脱水が生じて細胞活動は弱まりやがて停止します。そうすると、かっちりと硬直した植物組織が変化して柔らかくなり、これに伴って細胞質（細胞内液、細胞質ゾル）の各種成分が浸出しやすくなります（植物体の外へ出てくる）。

では、野菜に食塩を添加するとどのような理由から、こうした変化が生じるのでしょうか。それは浸透圧が主な要因であり、塩濃度に関係します。漬物づくりが塩濃度と細胞構造に関わっていることは漬物の食味にとって重要な意味をもってきます。細胞が柔らかな構造に変化することは、食塩成分も植物の組織内へ拡散していくことを示唆しています。そうなると、植物組織を構築する細胞はもちろん、細胞内に存在する各種小器官（細胞小器官とかオルガネラといっている）に塩濃度の影響が及ぶことになり、その結果、細胞質（細胞内）にどんな成分／物質が存在するのかが、漬物の食味、美味しさに関わる決定的な問題になってくるのです。

発酵について

後に詳しく解説しますがここではともかく、漬物の製造工程で、野菜の細胞成分などを原材とする微生物の培養が可能になり、乳酸菌や酵母が生育できることに注目しましょう。すなわち発酵です。

発酵とひとくちにいっても、細胞成分を利用する微生物の種類によって異なります。微生物によっては、いつも我々人間／食事者にとって都合のいい物質を産生するとは限りません。腐敗するとか有害物や毒素を産生することだってあるからです。しかし、条件を整備しさえすれば、発酵によって乳酸がつくられたり、酵母によるアルコール発酵が生じたりすることになります。乳酸菌とか酵母といった、いい微生物が発酵によってつくる乳酸やアルコールは食品漬物としてもいい味付けとなります。したがって、食原材に用いる野菜の個性、言い換えればそれぞれの野菜に固有な細胞成分が漬物の食味に反映されることになるのです。

また、漬物の味付けとなるばかりではなく、発酵で産生された乳酸（その酸性度）やアルコール、および添加する食塩などは、余計な微生物の繁殖を防ぎ、漬物の品位を向上させるような微生物だけを生育させる要因ともなり得ます。たとえば、耐塩菌といったような、高い塩濃度に耐えて生育できる特有の微生物のみが育ちやすい環境がつくられます。酸性度が高いとか、アルコールが存在するといった条件では生育できない微生物を除外することができるというわけです。したがって、製品の保存にもきわめて有効です。一般的な表現をすれば防黴とか防腐の効果ということになるでしょう。塩蔵とか酢漬と呼ばれるのは、この防腐効果を念頭においた漬物づくりです。このように、漬物づくりは野菜植物に含まれる成分に深く関わっているのみならず、食材の製造や保存に有効であることがわかります。発酵を伴うつくり方で製造された漬物には、たくあん漬けや味噌漬け、糠《ぬか》漬け、あるいは糠味噌漬けなどがあります。

発酵を伴うということは、それだけ時間を要することを意味します。したがって、このような漬物は一晩で製造できるというものではありません。また、漬物成分の生成は必ずしも発酵に依るばかりではありません。たとえば糠漬けでは、漬け込みを続けている期間に生じる糠の分解、これによって生成する物質に起因する独特の風味がうまれます。これが糠漬けのみがもつ特有の利点といえます。糠の成分とこれを分解する酵素が考察の課題となってきます。

また浅漬けなど、添加する食塩の濃度を高くして漬け込み、発酵に依らないでつくる漬物がありますこの場合は、右に述べた発酵を伴うつくり方で製造した漬物のような独特の風味は発生しにくいため、通常、醤油などの調味料で味付けを行なって食することになります。とはいっても、先に大別してまとめた第三の製造法、すなわち調味料で味付けをする漬け方、いわゆる調味漬けと呼ばれる漬物とは異なります。調味漬けは野菜の細胞を破壊してしまわずに、細胞内液のみをそっくり調味料に置き換える手法です。したがって、できあがってくる漬物の風味は調味料の味付けそのままということになります。酒粕とか味噌、醤油、麹《こうじ》などで味付けされた調味漬けとして、各地特産の漬物づくりが行なわれています。

いずれにせよ、日本全国に産する野菜を食原材として、それぞれ特有の漬物づくりが行なわれています。

では、京都府内における漬物づくりとこれに用いられる食原材の野菜はどういうことになっているでしょうか。食原材に供される野菜は、いわゆる京野菜と呼ばれるものを含め、その種類は多くあります。各種野菜のうち漬物に用いられるものをあげてみると、寒咲なたね、佐波賀だいこん、しそ、もぎなす、桃山みょうが、すぐき菜、聖護院かぶ、中堂寺だいこん（茎だいこん）、青味だいこん、時無だいこん、水菜（壬生菜）などです。これらは古くから知られ、現代もなお漬物づくりに使われる京都の野菜です。そこで、京野菜と漬物との関係を見ておくことにしましょう。

二　漬物の種類——ひとくちに漬物といっても、実は多種多様

京漬物という名称は、かなり知名度が高いのではないでしょうか。では京都、とくに京都の町なかにずっと古くから、そう呼ばれるものが存在していたのかというと、実はそうでもないようです。漬物の起源はどうやら京の街中にあるのではなく、街外れにあったと考えられるのです。それも街からかなり遠く離れた土地に発祥があったようで、鯖街道の歴史に遡ることになるようです。しかし、厳密な歴史考証はさておいて、京都府内にはどんな漬物があるのか、またあったのかを見ておきます。

京都府内の漬物

典型的な京都府内の漬物は、まちかね漬け（久美浜）、らっきょうの甘酢漬け（網野）、てっ

ぽう漬け（瑞穂）、しろうり粕漬け（京北）、すぐき漬け（上賀茂）、しば漬け（大原）、たくあん漬け（木津）などです。もちろんこれだけにとどまるわけではなく、京都府内で製造されている漬物を挙げていけば枚挙に暇ありません。

そこで、漬物づくりの観点から、見直してみます。なすの塩漬け（京北）、野菜の切り漬け（京北）、白菜の塩漬け（京北）、すぐき漬け、菜の花漬け（松ヶ崎）などは、塩漬けです。また、まちかね漬け、てっぽう漬け、なすの味噌漬け、からし菜の味噌漬けと呼ばれているのは、味噌漬けの手法でつくられたものです。たくあん漬け、白菜の糠漬、だいこんの甘漬け、日野菜の糠漬けなどは、糠漬け。うりの奈良漬やしろうりの粕漬けなどは、もちろん粕漬けです。他に、かぶらの甘漬けなどがあり、京都府内の各地域に栽培される野菜を食原材として、それぞれ固有の漬物がつくられていることがわかります。

ところで、京漬物という呼称が用いられることは決してないが発祥の地が実は京都である、そんな漬物が日本各地に見られます。幾つか例をあげておきましょう。全国的に知られた漬物に長野名物・野沢菜があります。ところがこれは、信州（長野県）野沢温泉村健命寺の住職が、京都から株を持ち帰ったのがその起源とされます。また、広島菜漬けも京都から持ち帰ったものとされ、京菜と呼ばれたといいます。このように、文献でみると日本各地の漬物もその発祥が京都にあるという例は珍しくありません。たいへん興味深いことです。

三　漬物ができるわけ

さて、本章でいちばん重要な課題は漬物づくりの仕組みを解明することです。どのようにして野菜が漬物になるのでしょうか。漬物づくりの仕組みがわかると、その漬物に秘める美味しさの秘密が浮き彫りになってきます。そこでまず、漬物づくりになぜ食塩を使うのか、から考えましょう。

なぜ塩を使うのか

濃度の異なる二種類の溶液が、半透膜を境にして置かれているとしましょう。たとえば濃い食塩水を半透膜に容れて水につけてみる。すると、塩濃度に応じて膜内の圧が変わってきます。この場合膜内の圧は高くなり、高い塩濃度を薄くしようと溶質である水分子だけが半透膜を通って浸入します。そのため、膜内は膨脹します。つまり浸透圧です。水は透過するが、食塩は透過しない。このような性質をもつ物質でできているのが半透膜です。辞書や事典には硫酸紙とか膀胱《ぼうこう》膜などが半透膜の例にあげられていますが、これではむしろわからない人の方が多いのではないでしょうか。簡単にいってしまえば、生物の細胞膜がその一例です。漬物の原材料である野菜をはじめ、生物の細胞は、ほんらい浸透圧の急激な変化に対し防御する仕組みが備わっています。イオンを細胞内から外へ汲み出したり、外から中へ汲み上げたりすることができる仕組み。ホメオスタシスと呼ばれる生命活動の一環です。

とはいえ、防御にも限界があります。たとえば、陸棲の植物はそのほとんどが海水には生育できません。塩濃度の調節ができないからです。では海草など海水の中でも棲息する植物はどうでしょうか。こちらは塩濃度を調節する仕組みが備わっているということです。植物の場合、細胞膜は細胞壁で包まれていますが、細胞壁があっても塩やイオン透過の基本はほとんど変わりません。では、野菜を海水よりずっと塩濃度の高い、塩漬けの状態に置くとどういうことになるでしょう。今度は細胞の膜／壁を通して外側の塩濃度が格段に高いため、浸透圧が働き細胞内の水分は減少することになります。後ほど漬物づくりの工程で解説しますが、通常野菜に食塩を直接振り掛けます。これで細胞内の水分はしみ出してきます。

次に、浸透圧と細胞の構造および細胞内成分の関係を見ていくことにしましょう。

細胞について

植物のみならず、すべて生物の身体は細胞を基本として組み立てられています。ヒトでは五〇から六〇兆もの細胞でできているといわれます。問題はその構築です。

図1の画像は電子顕微鏡で観た植物の細胞です。細胞の中身（細胞質）は細胞壁で包まれしっかりガードされているのがわかります。写真では明確に見分けることは難しいですが、内

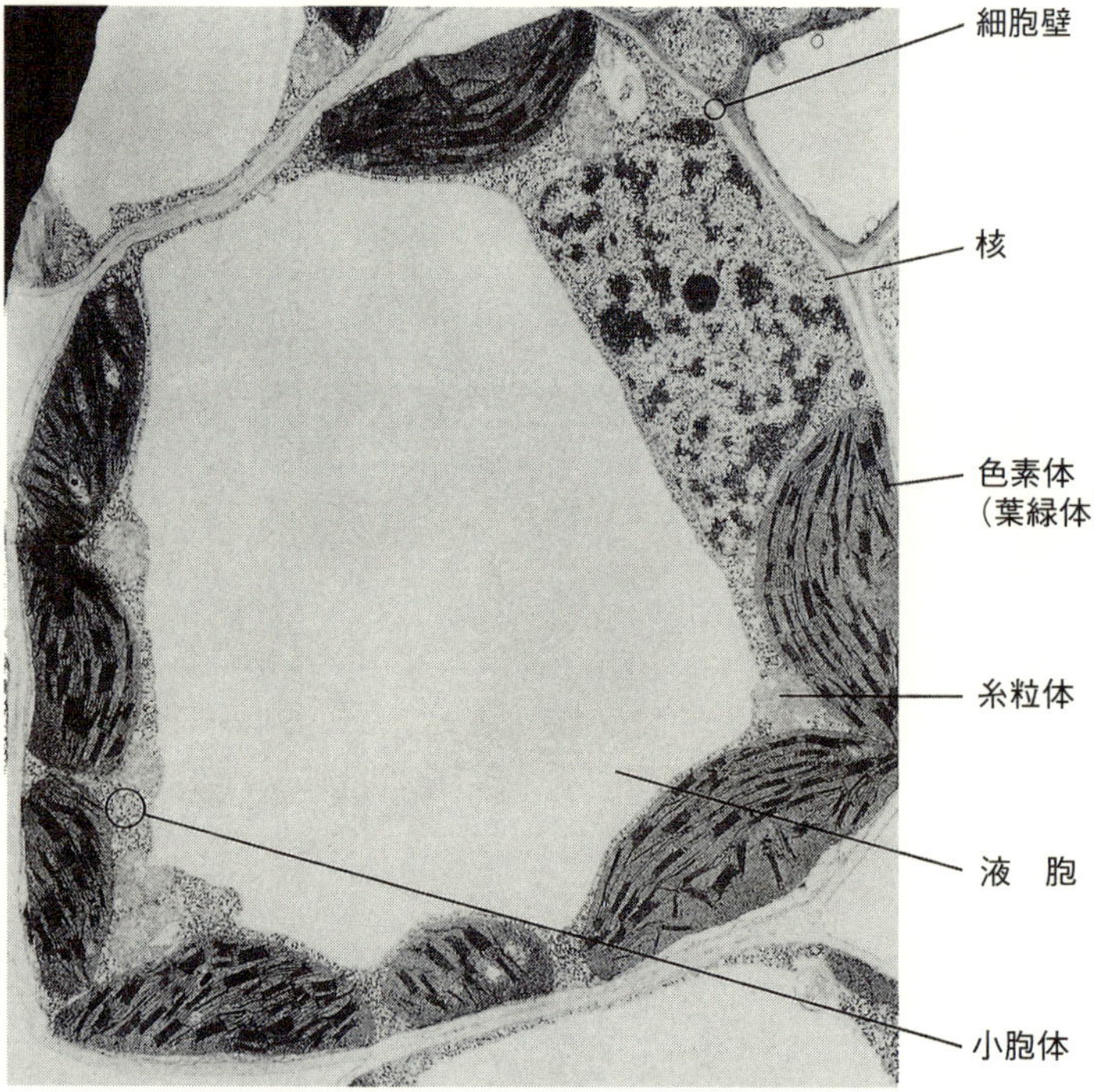

図１　電子顕微鏡で見た植物細胞

（A. L. レーニンジャー『レーニンジャー　生化学―細胞の分子的理解―第２版』（中尾眞監訳），共立出版，1973年）

側（細胞質側）の細胞壁に沿って細胞膜があります。遺伝子をおさめる核や、植物でしか見られない色素体（葉緑体）のほかに糸粒体や小胞体が見えます。これら粒子は細胞小器官とかオルガネラといわれています。しかし何といっても大きな場所を占有しているのは液胞（vacuole）であることは明らかでしょう。動物とか若い未分化の植物細胞には、液胞はありません。液胞の中身・その内容は、鉱物質（ミネラル）、アミノ酸や有機酸、たんぱく質や炭水化物などの水溶液です。これらのほかに、アルカロイドとか配糖体など代謝によって生じた各種物質が含まれます。液胞はこれらの物質を貯蔵する場ということになります。また、分解や解毒などの作業場でもあるのです。

ところが、もうひとつ重要なことがあって、それは植物をしっかりした形につくりあげていること。植物体が機械的な力学強度を保つことができるのは液胞のおかげなのです。植物／野菜の力学強度といえば、漬物づくりに密接な関わりをもっています。したがって、液胞は漬物づくりに深く関わるふたつの課題を担っていることになります。つまり、成分と強度です。

細胞の構成物質

細胞を構成している物質とはどのようなものでしょうか。その結果をまとめたのが**表1**です。この表には、動物と微生物の細胞を例に挙げていますが、細胞を構成する成分は植物細胞でも余り違いません。大事なことは、鉱物質（いわゆるミネラル）や生物質を多種多量に含んでいる

表1　生物の細胞を構成する物質

物質	動物細胞	大腸菌	
	量(%)	量(%)	種類
水	70	70	1
鉱物質(Na, K, M, Ca, Cl イオンなど)	1	1	20
生物質			
糖，アミノ酸など代謝物質	3	3	350
上記以外の低分子物質	—	0.1	300以上
脂肪酸関連物質	2	1	50
高分子(全体)	25	26	3,000以上
タンパク質	18	15	
核酸	2	7	
多糖	2	2	
りん脂質	3	2	

ものの、水が他を圧倒して多いことです。生物を構成する物質はほとんど（七割）が水。その一割ほどを失っても、生命は維持できないといわれます。したがって、何らかの手法を用いて、生物すなわち細胞から水を除外すれば、機能的にも構造的にもまったく異なった細胞の形になることを示唆しているのです。漬物はそのようなタイプの典型的な例なのです。

先にも記したように、細胞壁の内側には、細胞膜があってしっかり裏打ちされていますから、水が多いからといってそう簡単に抜け出てしまうわけではありません。一般に細胞膜は、膜を形成する脂質分子がかっちり配列して、脂質二重層と呼ばれる構造をとっています。したがって、そうは簡単に細胞内の水が外へ出たり、逆に中へ入ることはありません。生物膜には各種物質を透過する固有の仕組みが備わっています。そこで、細胞の内側と外側に圧力差を生じさせて細胞膜に備わった仕組みを破壊し、細胞内から水を取り除こうとする。これは浸透圧の原理を利用した巧妙なアイデアです。

さらに、野菜に重石《おもいし》などを加重させ力学強度をもって、いわば暴力的に細胞を破壊する。このようにして、野菜から水を抜く、いわば水分を搾り出す。基本的には水、すなわち成分でいえば H_2O のみを細胞内から除外するのがよいわけです。しかし現実には H_2O のみを除外することは難しくて、多少なりとも細胞に含まれる他の成分も同時に細胞から浸出することが多いのです。このような観点から考えて見れば、植物細胞における液胞の役割がいかに大きいかが理解できるでしょう。

なぜ水分を取り除くのか

では、何のためにこうまでして野菜の細胞成分から水を取り除くのでしょう。言い換えれば、植物を漬物の形に換える目的は何でしょう。

そのひとつは、食資源としての硬直した植物体をなしている野菜を柔らかくすることによって食味を高めることです。物理学的な食味ということになるでしょう。いわゆる歯ごたえとか舌触りです。漬物づくりの基本原理を考えてみれば、硬い植物／野菜が柔らかくなるメカニズムは理解できるでしょう。また、水分を除外する、或いは軽減することによって食材の保存性を高めることが可能になってきます。水分の少ない環境は、食材の質を劣化させるような要因、たとえば不都合な微生物の繁殖を排除することになります。さらに、細胞成分を濃縮して濃度を高くするという意味があります。植物の水分には、考究すべき重要課題の多いことがわかるでしょう。

そんなわけで、漬物づくりの原理はなかなか侮れないのです。そのために、日本各地につくられる漬物が、野菜の水分についてだけでもそれぞれに工夫された食資源の開発意図があること、その意図に基づいてそれぞれに特色ある製品であることがわかって来るはずです。いずれにしても、漬物を考えるとき水が最も重要な成分のひとつとなっています。では、水以外の物質はどういうことになるのでしょう。

水以外の構成物質

もう一度、生物の細胞を構成する物質（**表1**）をじっくり見てください。細胞には鉱物質から生物質にいたるまで、含まれる成分の種類と量はきわめて多いことがわかります。既に記したように、植物細胞では、これらの成分はほとんど液胞に含まれます。そこで、これまで解説してきた漬物づくりの基本原理に基づいて、漬物の成分について考察を進めていくことにしましょう。

表1をみてわかるように、いわゆるミネラルといわれる鉱物質と生物質のうち分子量の小さい各種物質は、量的にそれほど多いとはいえないものの、その種類はきわめて多岐に及んでい

ます。これらの物質はそのままで漬物の味付け成分として、その美味しさに直接関与します。問題はこれらの成分をどのようにして利用できる形にするか、です。そこでまず、細胞すなわち液胞を破壊すること、その工夫です。その手法については既に述べたので繰り返しません。さらに、**表1**から読み取らなければならない重要な成分は生物質のうちの高分子物質（高分子物質のことを、単に高分子ともいう）。たんぱく質、核酸、多糖質などの高分子は量的にも、また種類もきわめて多いことがわかります。では、高分子物質、いわゆる生物高分子は漬物づくりではどういうことになるのでしょうか。これはおもしろい考究課題です。もちろん、これらの生物高分子がそのまま漬物の成分となり得る場合もあります。

高分子物質と味の関係

では、細胞高分子をそのままのかたちで漬物成分として利用するのでない、とすればどのようにすればよいでしょう。これはよく考えなければならない課題です。

たとえば、生物高分子の典型的な一例がタンパク質です。もちろん、タンパク質としてそのまま漬物の成分ともなり得ます。しかし、発酵漬物の場合、見過ごしてならないのは、プロテアーゼといった、タンパク質加水分解酵素の触媒作用を受けて、タンパク質は分解されるということ。その結果、アミノ酸やペプチドが生成します。これらはしっかり漬物の成分となってくるのです。表の中にある核酸や多糖質などの細胞高分子も、たんぱく質と同様に加水分解の触媒作用を受けて、それぞれ構成する物質を生成します。すなわち、ヌクレオチドとかオリゴ糖、糖類などです。このように、細胞を構成する高分子が分解されて生じる物質が漬物を味付けするもとになる重要な成分なのです。

植物の細胞を構成しこれに含まれる生物高分子が分解されて生じる比較的分子量の小さい物質は、もともと細胞の成分として存在したのではなく、新たに生成されてくる成分です。同時に植物の細胞には、もともと細胞質に含まれていた低分子物質が結構な種類存在します（表1）。したがって、もともと成分として含まれていたものと、植物を構成する細胞高分子から新たに生成してきたものの両方を含め、漬物づくりの初期から各種低分子物質がかなり豊富に存在することになります。そんなわけで、これら低分子成分および各種高分子成分が微生物を生育する培養液となって、発酵が生じるきっかけとなります。これが発酵を伴う漬物づくりの基本原理なのです。発酵を伴う漬物づくりが可能なわけが理解できるでしょう。

では、植物の細胞高分子がどうして分子量の小さな成分に転換するのでしょうか。生物は自己の身体を分解する仕組み、酵素をもともと備えています。たとえばタンパク質を分解するのはプロテアーゼですし、細胞壁を分解するのはグルカナーゼです。この他に多種類の酵素が細胞には常備されています。正常に生命活動するとき、その仕組みは必要ではないので稼動しませんが、必要な事情が生じたとき、この仕組みが機能します。いわゆる自己消化です。植物では、傷を付ける、すり潰すとかしたとき、これら酵素が保管されていた袋から出てきて触媒作用を始めます。だいこんやにんにくをすり下ろすと酵素が働いて匂いなどの成分がどっと出てきますが、これはもうおなじみでしょう。

したがって、漬物づくりの工程で酵素が働く仕組みが稼動することになり、植物の身体やその細胞高分子は分解されて、低分子物質はつくられてきます。もちろん、植物の身体が完全分解されては漬物になりませんが、程よく生成された低分子化合物は微生物の餌になって培養が始まります。つまり発酵です。低分子化合物の他にタンパク質や多糖質などが含まれて培養の準備が整うというわけです。発酵を伴う漬物づくりの謎が解けたことになります。

食塩について

次に、漬物づくりに用いる基本的な物質、食塩の性質について考察しておきましょう。

細胞内の膨圧を下げることによって、野菜は漬物となります。そのために、細胞外液の浸透圧を高める工夫をします。外液濃度が高いから、細胞内液から水分が浸出する。これが漬物づくりの基本です。したがって、半透膜（漬物づくりの実際では細胞膜、細胞壁）を介して溶質の濃度差をつくればよいのですから、低分子の化合物で食品製造に使えるものなら何であってもよい。つまり、食塩でなくてもよいのです。一般には、食塩とか砂糖を用いる例は多いですが、酢とか酒など、このほか工夫次第ということになります。食に使用が許可されている低分子化合物なら、これら以外のものでもよいのです。ところが現実には、コストや取り扱いやすさ、殺菌などの機能性を考えて、昔から食塩が重宝されたのです。塩や糖を使ったのが、いわゆる塩漬や砂糖漬（甘漬）です。漬物づくりに限らず塩（NaCl）はきわめて広範に利用される食材のひとつになっていますが、それには理由があります。そこで、塩について調べてみると、これが結構興味深いのです。

ヒトのからだは、細胞内と細胞外（体液、血液）で浸透圧が同じになるように調節されています。浸透圧に関わる主要な塩類は細胞外液では塩化ナトリウム、細胞内液では燐酸水素二カリウムです。ナトリウムとカリウムは、イオンを出し入れするポンプのはたらきをする装置によって細胞内へ汲み入れられたり細胞外（血中）へ汲み出されたりされます。このような装置はイオンチャネルといわれ、細胞膜に設置されており、血液中のナトリウム濃度を一定の値に維持します。このため、摂取するナトリウムの量はヒトの体が欲求する値を基準にしていることになるのです。不足であれば塩を摂取したくなるし、摂取が過多になっても困るわけです。

また一方、塩は食味に深く関わっています。この食味というのも興味深い課題です。塩味、酸味、甘味、苦味、そして旨味の五味が食味の基本。これらのうち、前二者はイオンチャネル、後の三者はリセプタ（受容器）という、細胞膜に設置されたタンパク質で組み立てられた仕組みを通して、これらの味のもととなる物質は細胞内へ取り込まれます。したがって、食品・食物に含まれる成分はそれぞれ固有の仕組みを介して人に味を感じさせることになるのです。

そんなわけですから、たとえば塩味の感じ方と塩の濃度との間にも深い関係があります。塩味を感じることのできる最低濃度（閾値）は〇・一％程度ですが、塩味が一番美味しいと感じる濃度は〇・九％といわれています。したがって、ほぼ血液中の Na 濃度に該当することになり、きわめて興味深いことになります。また、砂糖はいうまでもなく甘い味です。ところが、砂糖と同時に食塩を取ると塩味との兼ね合いが生じます。味の感じ方に異常が生じて、砂糖だけを単独に摂るよりも塩が同居することによって甘さが増強されるのです。これは、細胞内では情報が交差する、いわゆるクロストークの仕組みによると思われます。たとえば、砂糖濃度が一〇％のときに、塩を濃度〇・一五％となるように添加したとき、最も甘く感じることになります。ぼたもちを食するとき少量の食塩を供する習慣がありますが、これは理に適ったことであったのです。

また、味覚と温度との関係もたいへんおもしろい点があります。塩味を感じる強さの度合いは、通常温度の上昇に伴って低くなりますが、甘さは逆の傾向があります。ところが、果糖だけは、他の糖種とは異なって塩味と同様に、温度の上昇に伴って甘さを感じる強さが低下し、六〇度では零度で感じた甘さの約半分です。これに比してブドウ糖や麦芽糖の甘さは温度にあまり依存しません。いずれにしても、塩分の濃度は味感に深く関わっており、漬物の成分と味覚の関係を考えるおもしろさがあります。

漬物づくりの原理と塩に秘める味について考察したので、次に、漬物づくりの実際と現状をまとめておくことにしましょう。

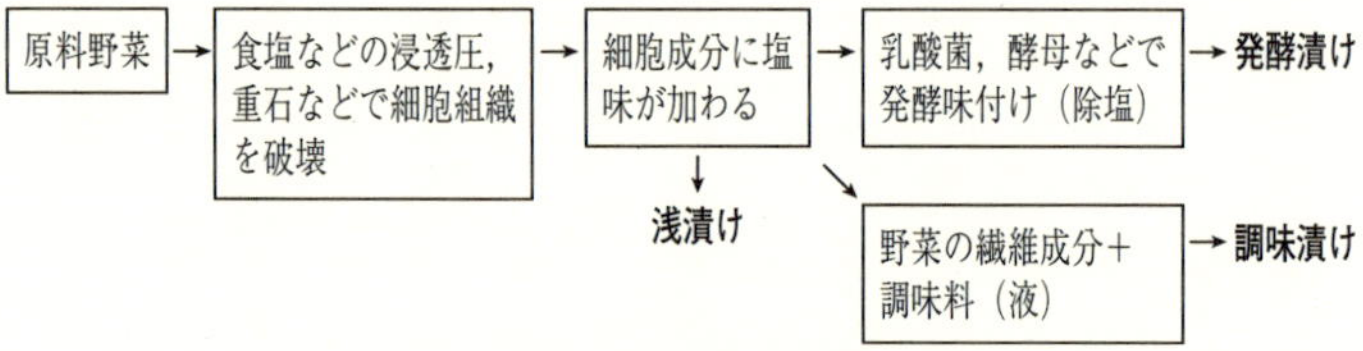

図２　漬物の分類

漬物の原理

主として物理学的／力学的に植物（野菜）の細胞を適度に破壊し細胞内成分に食塩が混じって、それぞれ植物に特有の味がつく。繰り返しになりますが、これが漬物です。

一方、細胞内液に含まれる糖質とか、細胞を構成する物質の多糖質が分解されて生成する糖質、さらにタンパク質やアミノ酸などが培養液となって、微生物が生育することがあります。発酵を伴う漬物づくりの基本原理です。

たとえば乳酸菌が生育すると、糖質を乳酸に転換します。いわゆる乳酸発酵です。このような場合、乳酸の味を含む複雑な味付けの漬物に仕上がります。したがって、すぐき漬けとかしば漬けなど、野菜の風味に発酵による味付けが加わった、独特の食味漬物ができることになります。一方、野菜の細胞を破壊した後、細胞内液を取り除き繊維成分のみを残して、これに調味料とか調味材を加えて仕上げた漬物があります。いわゆる調味漬けです。他方、最近とくに人気が高いとされるのが浅漬けで、その種類もかなり多岐にわたっています。これら漬物各種をまとめてみると図2のようになります。

野菜の種類

さて、漬物づくりの原理を理解したところで、漬物の味が野菜に含まれる成分に深く関わることがわかってきました。そこで、漬物に使われる野菜がどのような成分を含んでいるのかを『五訂食品成分表』でしっかり見ておくことにしましょう。とはいえ、この書物にはものすごい数の野菜の成分がまとめられています。それら野菜のうち、漬物にされる野菜を抜粋し、まとめたのが**表2**です。

こうしてみると、漬物にされる野菜の種類はそれほど多くはないことがわかります。表には、生の状態における成分と、その野菜を漬物に仕上げたときの成分が、それぞれ区別して記載されています。現在市場に出ている京漬物を、野菜の名称のところに○印をつけて区別することとしました。そこで最後に、京漬物の製造方法を見たうえで、あらためて漬物の成分について見てみましょう。

四　京　漬　物

京都は歴史と風土の特性によるのか独特の漬物が多くつくられてきましたし、現在もつくられ続けています。しば漬け、千枚漬け、すぐき漬け、菜の花漬け、しそ漬け、木の芽漬け、し

野菜に含まれる成分

（可食部100ｇ当たり）

	ビタミン											食物繊維
	A		E	K	B1	B2	ナイアシン	B6	葉酸	パントテン酸	C	
Mu	カロテン	レチノール当量										
mg	μg		mg	μg	mg				μg	mg		g
0.29	1300	220	1.2	190	0.06	0.18	0.7	0.13	150	0.24	28	1.8
0.26	1300	220	1.6	340	0.06	0.15	0.7	0.16	88	0.23	38	3.1
0.64	2800	47	3.2	340	0.08	0.16	0.9	0.16	110	0.36	82	2.9
0.06	0	0	0	0	0.03	0.03	0.6	0.08	48	0.25	19	1.5
0.05	0	0	0	0	0.03	0.03	0.6	0.07	49	0.23	18	1.4
0.33	1200	210	3.0	360	0.07	0.19	1.0	1.10	78	0.49	44	3.6
0.05	0	0	0	0	0.02	0.03	0.7	0.08	48	0.39	19	1.9
0.05	0	0	0	0	0.04	0.03	0.1	0.1	58	0.25	21	2.0
0.40	1600	270	4.0	260	0.31	0.24	4.8	0.36	81	0.73	49	4.0
0.09	0	0	0	Tr	0.25	0.04	2.8	0.19	74	0.46	28	2.0
—	0	0	0	0	0.45	0.05	3.2	0.42	70	1.11	20	1.8
1.02	2800	460	3.1	260	0.12	0.27	1.2	0.25	310	0.32	64	3.7
0.76	3000	490	3.2	270	0.08	0.28	0.6	0.27	210	0.37	80	5.0
0.07	330	55	0.3	34	0.03	0.03	0.2	0.05	25	0.33	14	1.1
0.16	580	97	0.6	83	0.03	0.02	0.1	0.01	5	0.12	8	3.4
14	210	36	0.3	110	0.26	0.05	1.6	0.20	22	0.01	Tr	1.5
0.41	1300	220	1.8	120	0.08	0.15	0.7	0.18	140	0.50	55	3.0
0.25	1100	180	1.1	130	0.07	0.15	0.5	0.19	130	0.39	47	3.5
0.34	11	2	0.2	24	0.04	0.07	0.4	0.09	14	0.35	0	4.6
0.16	1200	190	0.8	100	0.03	0.07	0.5	0.08	130	0.17	35	2.2
0.16	1700	280	1.0	150	0.04	0.12	0.6	0.10	98	0.21	44	3.0
5.01	5	1	0.2	0	0.03	0.02	0.6	0.13	8	0.21	2	2.1
0.78	0	0	0.1	0	0	0	Tr	0	1	0	Tr	2.4
0.56	4	1	0.1	0	0	0	0	0	1	0	0	2.0
0.05	70	12	0.2	29	0.03	0.03	0.2	0.04	39	0.30	8	1.2
0.05	74	12	0.2	44	0.03	0.03	Tr	0.07	43	0.3	10	2.2
0.53	16	3	0.1	4	0.02	0.11	0.5	0.31	59	0.94	0	2.4
0.3	2000	340	3.8	280	0.08	0.13	1.1	0.05	200	0.35	73	4.0
0.05	0	0	0	0	0.03	0.03	0.7	0.01	50	0.26	13	1.7
0.09	3000	500	2.2	270	0.12	0.11	1.3	0.13	110	0.24	35	5.2

表2　漬物に使われる

食品名	タンパク質	炭水化物	無機質							
			Na	K	Ca	Mg	リン	鉄	亜鉛	銅
	g		mg							
おおさかしろな										
葉，生	1.4	2.2	22	400	150	21	52	1.2	0.5	0.06
塩漬	1.3	4.5	620	380	130	21	52	0.7	0.6	0.06
○かぶ										
葉，生	2.3	3.9	15	330	250	25	42	2.1	0.3	0.10
根，皮つき，生	0.7	4.6	5	280	24	8	2	0.3	0.1	0.03
根，皮むき，生	0.6	4.8	5	250	24	8	25	0.2	0.1	0.03
漬物　塩漬										
葉	2.3	6	910	290	240	32	46	2.6	0.3	0.06
根，皮つき	1.0	4.9	1100	310	48	11	36	0.3	0.1	0.03
根，皮むき	0.8	4.7	1700	400	33	14	38	0.3	0.2	0.04
ぬかみそ漬け										
葉	3.3	7.1	1500	540	280	65	81	2.2	0.4	0.09
根，皮つき	1.5	5.9	860	500	57	29	44	0.3	0.2	0.04
根，皮むき	1.4	6.9	2700	740	26	68	76	0.3	0.2	0.04
○からしな										
葉，生	3.3	4.7	60	620	140	21	72	2.2	0.9	0.08
塩漬	4.0	7.2	970	530	150	23	71	1.8	1.1	0.10
○きゅうり										
果実・生	1.0	3	1	200	26	15	36	0.3	0.2	0.11
しょうゆ漬	3.2	10.8	1600	79	39	21	29	1.3	0.2	0.08
ぬかみそ漬	1.5	6.2	2100	610	22	48	88	0.3	0.2	0.11
○きょうな										
葉，生	2.2	4.8	36	480	210	31	64	2.1	0.5	0.07
塩漬	2.0	5.9	900	450	200	30	60	1.3	0.3	0.06
ザーサイ										
塩漬	2.5	4.6	5400	680	140	19	67	2.9	0.4	0.10
さんとうさい										
葉，生	1.0	2.7	9	360	140	14	27	0.7	0.3	0.04
塩漬	1.5	4.0	910	420	190	17	35	0.6	0.4	0.06
しょうが										
根茎，生	0.9	6.6	6	270	12	27	25	0.5	0.1	0.05
酢漬	0.2	4.0	2800	21	67	8	4	0.9	Tr	0.04
甘酢漬	0.2	12.5	1200	27	36	7	4	0.5	Tr	0.03
○しろうり										
果実・生	0.9	3.3	1	220	35	12	20	0.2	0.2	0.03
塩漬	1	3.7	790	220	26	13	24	0.2	0.2	0.04
奈良漬	4.5	40.8	1700	100	18	12	73	0.6	0.1	0.08
○すぐきな										
葉・生	1.9	5.4	32	680	150	18	58	2.6	0.3	0.06
根・生	0.6	4.7	26	310	26	8	35	0.1	0.1	0.03
すぐき漬	2.6	6.1	870	390	130	25	76	0.9	0.4	0.08

0.27	3900	650	3.8	270	0.09	0.16	0.5	0.18	140	0.26	53	4.0
0.69	0	0	0	1	0.03	0.20	4.6	0.20	99	1.40	3	20.7
0.13	0	0	0	1	0.33	0.04	2.7	0.22	98	0.43	15	1.8
0.28	0	0	0	0	0.21	0.01	0.7	0.07	24	0.27	53	3.5
0.89	0	0	0	0	0.21	0.03	1.6	0.22	47	0.66	12	3.7
0.69	0	0	0	0	0.05	0.17	0.7	0.32	45	0.19	0	3.3
0.05	0	0	0	0	0.03	0.02	0.1	0.04	14	0.13	45	1.8
0.28	0	0	0	0	0.06	0.08	0.3	0.06	12	0.20	0	3.3
0.15	100	17	0.1	7	0.02	0.10	0	0	3	0.0	0	3.9
0.76	1500	250	0.9	110	0.07	0.07	0.5	0.08	120	0.14	45	1.6
0.68	11	350	1.1	140	0.03	0.07	0.5	0.10	120	0.19	41	2.5
0.68	11	2	0.7	2	0.05	0.11	0.7	0.13	63	0.63	10	2.8
0.03	0	0	Tr	Tr	0	0	0	1	0	0	0	3.5
0.13	45	8	0.3	9	0.04	0.04	0.6	0.06	19	0.30	6	2.4
0.18	44	7	0.3	10	0.03	0.04	0.4	0.07	32	0.41	7	2.7
0.19	26	4	0.3	12	0.10	0.04	1.0	0.15	43	0.67	8	2.7
0.40	5	1	0.5	27	0.03	0.05	0.3	0.03	9	0.13	0	4.2
0.32	76	13	0.2	24	0.06	0.04	0.6	0.09	18	0.08	87	4.2
0.29	580	96	0.7	72	0	0.02	0.1	0.03	9	0.13	0	4.4
0.23	1200	200	0.5	100	0.06	0.10	0.7	0.11	110	0.17	41	2.0
0.13	1600	270	0.7	110	0.05	0.11	0.5	0.06	64	0.13	27	2.5
0.15	2400	400	1.3	200	0.03	0.11	0.5	0.08	35	0.17	26	3.1
0.11	99	16	0.2	59	0.03	0.03	0.6	0.09	61	0.25	19	1.3
0.12	130	22	0.1	87	0.01	0.01	0.3	0.04	42	0.25	10	1.4
0.07	14	2	0.2	57	0.03	0.03	0.3	0.12	83	0.22	24	1.8
0.17	210	35	0.5	63	0.05	0.14	0.8	0.21	45	0.43	24	2.7
0.15	0	0	0.2	9	0.02	0.03	0.3	0.04	44	0.46	11	1.2
0.17	1200	0	0.1	11	0.02	0.04	0.3	0.04	25	0.47	9	1.6
0.17	1200	200	0.7	93	0.05	0.13	0.7	0.14	92	0.18	52	3.0
0.12	2000	330	1.4	120	0.04	0.08	0.7	0.12	69	0.20	39	4.7
0.54	1900	320	1.3	160	0.06	0.15	0.7	0.1	120	0.47	49	2.4
0.12	2100	340	0.6	210	0.02	0.07	0.2	0.04	15	0.07	15	2.4
0.17	2300	380	0.9	200	0.11	0.23	1.1	0.17	240	0.55	88	2.8
0.29	2800	470	1.4	200	0.12	0.34	1.5	0.24	180	0.54	70	4.0
0.28	0	0	0.6	1	0.02	0.10	0.4	0.03	14	0.02	0	7.0
—	0	0	0.2	2	0.01	0.01	0.2	0.02	0	0	0	3.1

た)。(Tr は，微量に含まれていると推定される成分)

○だいこん										
葉・生	2.2	5.3	48	400	260	22	52	3.1	0.3	0.04
切干しだいこん	5.7	67.5	270	3200	540	170	210	9.7	2.1	0.14
ぬかみそ漬	1.3	6.7	1500	480	44	40	44	0.3	0.1	0.02
たくあん漬										
塩押しだいこん漬	1.2	15.2	1700	140	26	21	46	0.4	0.2	0.07
干しだいこん漬	1.9	5.5	970	500	76	80	150	1.0	0.8	0.05
守口漬	5.3	44.3	1400	100	26	9	72	0.7	0.8	0.12
べったら漬	0.9	14.0	1200	180	20	8	43	0.4	0.2	0.03
みそ漬	4.5	16.3	4400	280	52	22	77	1.7	0.3	0.08
福神漬	2.7	33.3	2000	100	36	13	29	1.3	0.1	0.05
つまみな										
たいさい葉，生	0.9	3.5	38	340	79	22	49	1.1	0.7	0.03
塩漬たかな	1.6	4.3	700	330	78	22	45	1.3	1.0	0.05
○たけのこ										
若茎・生	3.6	4.3	Tr	520	16	13	62	0.4	1.3	0.13
しなちく・塩蔵・塩抜き	1.0	3.6	360	6	18	3	11	0.2	Tr	0.02
べいなす										
果実・生	1.1	5.3	1	220	10	14	26	0.4	0.2	0.08
塩漬	1.4	5.2	880	260	18	18	33	0.6	0.2	0.09
ぬかみそ漬	1.7	6.1	990	430	21	33	44	0.5	0.2	0.09
こうじ漬	5.5	18.2	2600	210	65	22	65	1.4	0.4	0.17
からし漬	2.6	30.7	1900	72	71	36	55	1.5	0.4	0.13
しば漬	1.4	7.0	1600	50	30	16	27	1.7	0.2	0.12
のざわな										
葉，生	0.9	3.5	24	390	130	19	40	0.6	0.3	0.05
塩漬	1.2	4.1	610	300	130	21	39	0.4	0.3	0.05
調味漬	1.7	5.4	960	360	94	21	36	0.7	0.3	0.08
○はくさい										
結球葉，生	0.8	3.2	6	220	43	10	33	0.3	0.2	0.03
結球葉，ゆで	0.9	2.9	5	160	43	9	33	0.3	0.2	0.03
塩漬	1.3	3.5	900	20	42	15	34	0.3	0.3	0.04
キムチ	2.8	7.9	870	340	48	17	55	0.6	0.3	0.06
はやとうり										
果実・生	0.6	4.9	Tr	170	12	10	21	0.3	0.1	0.03
塩漬	0.6	4.4	1400	110	8	10	14	0.2	0.1	0.04
○ひのな										
根、茎葉、生	1	4.7	10	480	130	21	51	0.8	0.2	0.04
甘酢漬	1.4	17.6	1100	550	130	22	40	0.9	0.3	0.08
ひろしまな										
葉，生	1.5	4.2	28	550	200	32	55	0.8	0.3	0.04
塩漬	1.2	3.3	840	120	74	13	17	0.8	0.3	0.06
みずかけな										
葉，生	2.9	4.7	7	400	110	23	64	1.0	0.3	0.07
塩漬	4.9	5.7	1000	440	110	26	67	1.0	0.5	0.08
やまごぼう										
みそ漬	4.1	15.6	2800	200	23	24	49	1.3	0.3	0.13
らっきょう										
甘酢漬	0.7	29.0	860	38	15	4	21	1.1	0.2	0.07

『五訂食品成分表』より引用した。○は京漬物をあらわす（(株）西利の調べによりまとめ

ば漬けなどの漬物製品があって、製造各社から市販されており、誰でも一度は聞いたことのある人気ブランドもあります。しかしここでは、京都市内ではなく京都府内の漬物を代表するひとつの典型的な事例として、味噌漬けを取り上げ、漬物づくりの実際について、その工程を解説します。

味噌漬けのできるまで

だいこんは漬物の素材となる食原材として代表的な野菜です。まずその収穫を京都府亀岡市内の場合を例に見ると、毎年秋から冬にかけての時期に行なわれます。ここで収穫されるだいこんを注意深く見てみると、葉の付け根（大根の首）が真っ白であるのがわかります（図3）。首が青い（緑色）だいこんをよく見かけますが、それはいわゆる青首。ここで漬物原材として用いられるのは青首ではなく白首だいこんで、白天勇と呼ばれる品種です。

収穫しただいこんは首の部分を切り落として集めて洗浄機にかけます。水をたっぷり使って、洗浄機のブラシでだいこんに付いた土壌を洗い落とします。洗浄しただいこんの水をよく除いた後、まず塩による荒漬けを行ないます。直径の大きな木樽ににだいこんの方向を整え、樽の径一面に敷き詰めます。これに塩をたっぷり振りかけ、その上にまただいこんを詰めていきます。これを樽の底から上部へと繰り返していくのです（図4）。だいこん三〇本ほど入ったケース三七～三八個分に対して食塩（二五キロ入り）約三袋を使います。だいこん詰め完了後

図3　だいこんの首（葉の付け根の部分）が白い，いわゆる白首だいこん。京都府下の農家のご協力を得た。

図4　樽にだいこんを規則正しく並べ，食塩をたっぷり振りかける。京都府の漬物製造会社のご協力を得た。

図5　漬け込みのはじめと仕上がりとで，野菜植物がどのように変化をしたかをよく観察し，その変化について科学的な理由を考察されたい。

は、落し蓋との間にだいこん葉を一面に敷き詰めます。一〇日間置いた後、取り出して洗浄し、また同様の漬け方を行ないます。塩蔵です。塩蔵の工程が修了した段階でだいこん全重量の約三五％が抜け出ます。塩蔵で約半年静置し、最後の洗浄をした後、味噌を使った漬けの工程に入ります。ここでも、下漬け→中漬け→本漬けと段階を分け、徐々に塩蔵の塩分を抜きながら、味噌の風味を高めていきます。どの工程も三ヶ月以上の静置を必要とし、やっと味噌漬ができあがります（図5）。このように漬物づくりには、外から食塩以外に加えるものも、除くものもなく、自然の食材だけが使われることがわかります。

漬物の成分

漬物づくりの工程を、味噌漬を例に見てきました。そこで、漬物について、そこに含まれる成分に注目してみることにしましょう。表2には食原材（野菜）の可食部（食の可能な部分）一〇〇グラムについて、成分がどれほど含まれるのかを主に重量（すなわち、グラムとかその千分の一であるミリグラムmg。さらにミリグラムの千分の一に相当するマイクログラムμg）で表示しています。

表2で〇印をつけたのが京漬物です。漬物では、生《なま》で比べて水分以外の物質のうちNa（ナトリウム）が他を圧倒しています。これは食塩（NaCl）を用いて漬物づくりが行なわれたことを示しており、至極当然の結果であるといえましょう。

表をよく見てみると、だいこん、とくに切り干しだいこんには多種類の物質が多量に含まれているのがわかります。だいこんを乾燥させることによって水分のみが除かれ、物質が濃縮されたためでしょう。切り干しだいこんの場合、まず乾燥から入るのは、植物細胞を破壊することなく細胞内液を濃縮するという目的に適った優れた手法といえます。かぶの糠味噌漬けにはK（カリウム）などのミネラルやビタミンが多く含まれます。これらの成分は漬物づくりに用いる糠に由来するものと考えらます。糠漬けのもつ意味が理解できるでしょう。同様なことが、からし菜の漬物にもみられますが、食原材のからし菜には元（生の状態）から、既にこれらの成分が多いことを反映しているのであろうと思われます。京漬物に代表されるひとつ、すぐき漬けをみると、ミネラルとかビタミンが生のすぐき菜より増加しており、たいへん興味深いものがあります。発酵漬けを行なったことの結果ではないかと考えられます。しろうりでも同様のことがみられ、またひのなの甘酢漬けでも生より増加している成分が見られます。

したがって、漬物に含まれる成分といえば、まず野菜自体にもともと含まれる成分と、漬物づくりの工程で新たに発生する成分とがあることになります。工程で新たに発生する成分には、漬物づくりに用いる野菜以外の原材たとえば、糠漬けに用いる糠とか、塩漬けなら食塩などの物質も含まれます。さらに、発酵を伴う漬物づくりの工程では、発酵に伴なって生じる物質も多くあります。このように、漬物は原材の野菜、工程に持ち込まれる素材、新たに発生する物質など、多様な成分を含んでいることが理解できるでしょう。

漬物の美味しさで大切なのは、ひとつには食原材にもともと含まれる成分と、漬物づくりの過程で生成する成分が醸し出す食味です。つまり、酸味とか旨味、或いは若干の苦味とか辛味、塩味です。もうひとつは漬物づくりで達成される物理学的な感触がもたらす食味、すなわち柔らかさ、歯ごたえや、舌触り、適度な硬さなどの味わいということになるでしょう。表2の野菜成分データをじっくり読み取っていくと、漬物づくりのおもしろさがわかるのです。

おわりに

京漬物に代表される幾つかの漬物について、含まれる成分を表から読んでみました。野菜による違い、生の場合と漬物に仕上げた場合との違い、漬物づくりの手法を反映していることなど、興味深いことがいろいろとわかります。野菜に含まれる成分、漬物づくりの過程で新たに生まれてくる成分、これら成分に秘める漬物の美味しさを探りながら、市販の製品のみならず、自ら漬物づくりに挑戦して、漬物、ことに京漬物を存分に堪能していただきたいと思います。

参考文献

京都府立総合資料館編『京都の漬物　四季の材料と漬け方』白川書院、一九七三年
岩城由子『おいしい京野菜　おばんざい一六〇』ナカニシヤ出版、一九八九年

高宮和彦『野菜の科学』朝倉書店、一九九三年
山野善正・山口静子編『おいしさの科学』朝倉書店、一九九四年
新家龍他編著『糖質の科学』朝倉書店、一九九六年
前田安彦『日本人と漬物』全日本漬物協同組合連合会、一九九六年
佐竹秀雄『漬物　漬け方・売り方・施設のつくり方』農山漁村文化協会、一九九九年
大西正健『生物高分子』学会出版センター、二〇〇一年
三角寛『つけもの大学』現代書館、二〇〇一年
橋本壽夫・村上正祥『塩の科学』朝倉書店、二〇〇三年
香川芳子監修『五訂食品成分表』女子栄養大学出版部、二〇〇三年

※漬物の資料収集と調査には、(株)西利と片山金蔵商店のご協力、ならびに京都府立大学大学院研究員の後出明子氏にお手伝いをいただいた。厚く御礼を申し上げたい。

京都の米——その加工と生産——

田中國介

はじめに

京都の米については、あまり語られることはありません。米の生産地としての特色を、世間にアピールして来なかったためです。しかしながら、京都には都としての歴史があり、長年にわたり米は人々の基本食であったことを考えると、米は色々な側面で生活に関わりをもち、京都および日本の文化にも多くの影響を与えてきたことは間違いありません。また、米は基本食としての位置を占めてきたこと以外にも、さまざまに工夫され利用されてきたのです。

まず、基本食としての米についてですが、米は古来から重要な食料であったことに違いありませんが実際に庶民の主食となったのは、ごく近年のことなのです。すなわち、今では、ご飯は年間を通じ毎日の食事の中心になっていると考えて差し支えないでしょうが、明治、大正、昭和を通じ現在の米事情になってきたのは、ついこの間の出来事といっても良いのです。

京都府立大学の元教員の先生を中心に書かれた『日本の食生活全集――聞き書き　京都の食事』（農山漁村文化協会、一九八五年）では京都の食事として、京都近郊の食事、山城の食、丹波山間の食、丹波平坦の食、丹後平坦の食、丹後海岸の食に分けて京都、および府下の大正の末から昭和の初めにかけての食生活が、当時の食生活を経験し記憶されている方々をインタビューしながら、網羅的にまとめられています。この本によると米は基本食用素材として広く各種の用途に使われていますが、米だけの白飯は京都近郊、府下を問わず、普通の人々の生活では正月や仏事、あるいは特別な祝い事のときに食べるだけで、通常は米と麦とを混ぜ、時々は半々にして炊く麦飯が、いわゆる主食であったといいます。

米は淡泊な食感の食材のため、主食として多量に摂取可能です。そのため継続的に食べ続けても飽きがきません。また、淡泊なだけに、他の食材との組み合わせ方により、実に多様な食品に変化させることもできます。そのため、京都近郊には様々な工夫を凝らした米ベースの食べ物が発達しているのです。とてもそのすべてを紹介することはできませんが、代表的な食べ物、食べ方を紹介してその組み合わせが何を狙っており、その成分的な意味が何かを考えてみましょう。

一　米を工夫した食べ物

米を基本食材として作られる食べ物としては、かゆ、たら、すしもち、ちまき（つまき）、だんご、鯖ずし、蒸しずしなどがあります。これらの食べ物は米をベースにしながらも米を食べやすくし、また、新たな食感を与える工夫が凝らされています。発明初期には主食としての米の味わい方の工夫、調理法の域を出ていませんでしたが、そのうち主食を離れておやつ、今流にいえばデザートとして独立していったのでしょう。発展の極みは和菓子にあると筆者は考えます。

和菓子には芸術的ともいえる特別な領域に発展したものもあります。和菓子については後ほど紹介するとして、まず、主食とその近辺の米について紹介します。

かゆ・もち類

主食に近い姿をしているもののひとつは、かゆです。そのうち、「七草がゆ」は、かゆの中でも神事と結びつきつつ、無意識のうちに人々の健康維持に役立ってきたと思われます。すなわち、春の七草のひとつである「なずな」などの畑菜は、秋に種をまき冬の寒さに負けず成長し大地に根を張る貴重な冬の食材です。これらの食材は神に感謝する意味で神棚にお供えしました。七草がゆにするお米は、正月、家神に三宝に供えてあったものを使います。七草がゆは、七草が持つ栄養成分の摂取と、三宝に供えていたために乾燥が進み、通常の飯米には不適になっている米の無駄をさけること、そして神事に用いた特別な意味のある供え物を体に取り込む意味を含めて発達したものでしょう。

「たら」は、もち米とうるち米を半々に混ぜて搗《つ》いたものですが、もちのなかにうるち米粒がぶつぶつとした特別な食感を与えています。この食感は、もち米とうるち米のデンプンの溶解度の差により生じます。もち米はアミロペクチンという水に溶けて糊状になりやすいデンプンから出来ています。一方、うるち米は糊化に抵抗力のあるアミロースを含むため糊化し難い。両者を混ぜて炊くと、糊化したもち米の中に粒のままのうるち米が残り、独特の食感を与えるのです。好みによりますが好きな人にとっては、餅とご飯粒の混じった感覚が何ともいえないということです。また、このもち米と、うるち米の混合した飯は各種の餅菓子にも利用されています。

「すしもち」と呼ばれる調理法は、もちの外周を小豆あんでくるむ方法です。基本的にぼたもちもそうであるように、米調理の変形のひとつで京都府内のみならず全国各地にその形が無数にあります。米の淡白さに豆の味を加え、食品として変化を狙ったものと考えてよいでしょう。また、豆と組み合わせることで栄養価の点でも理想に近いアミノ酸構成を作り出しています。長年の経験から健康保持に良い食品の組み合わせに行き着いているものと思われます（図1）。

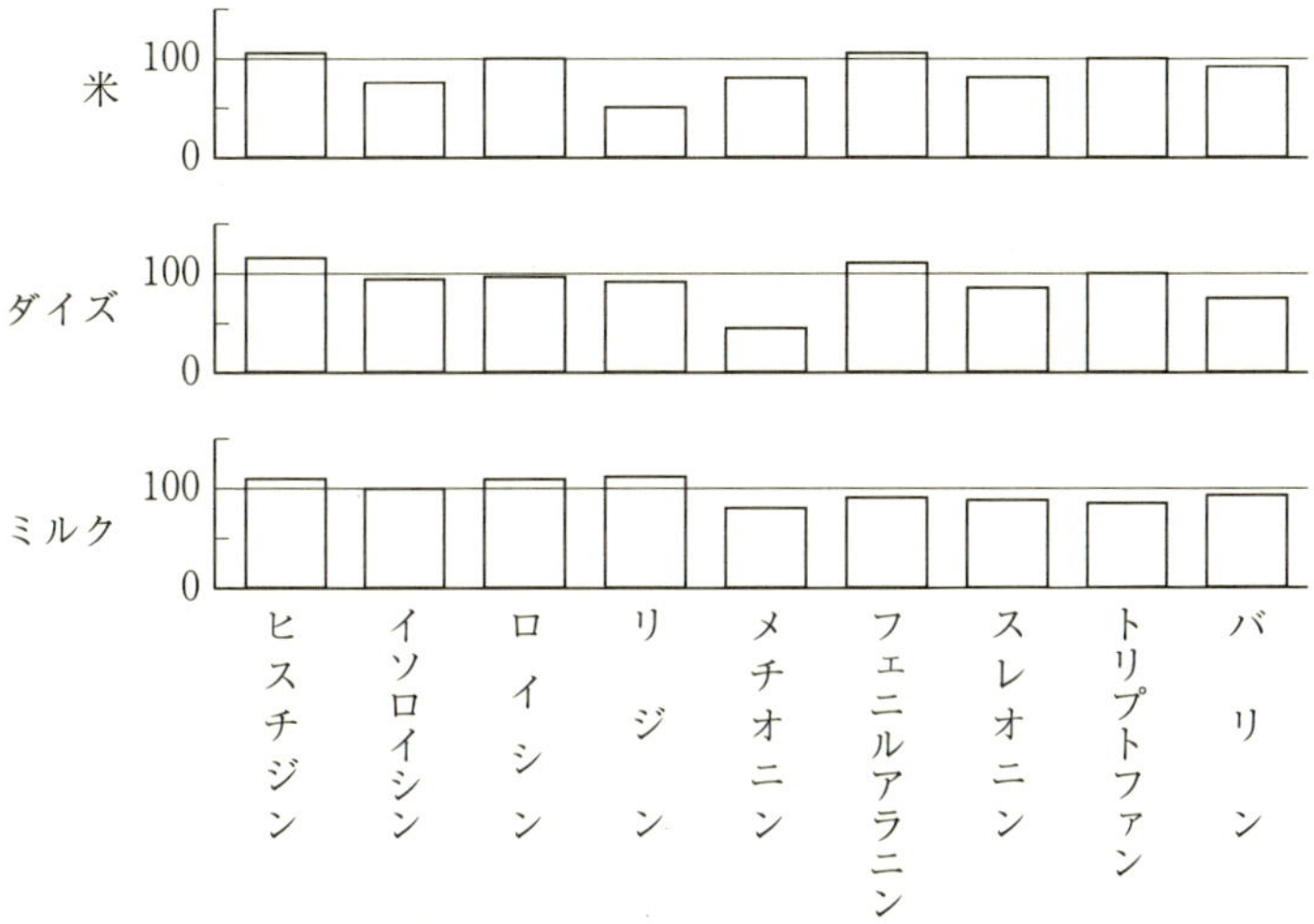

図1　植物性および動物性タンパク質の必須アミノ酸組成

全卵タンパク質を基準（100%）として比較した（図中実線で示した）。米と豆の一種であるダイズを組み含ませることでミルク並みの組成になる。

「ちまき」は、五月五日の端午の節句に作って、大将人形に供えます。節句前になると、うるち米を洗って干しておき、石臼でひいて米粉を作ります。飯盆（半切り桶）に粉を入れて、熱湯で練り、耳たぶぐらいの固さにこねてから、せいろで蒸します。生地が透き通るまで蒸し上げたら、取り出して臼で搗きます。このときに砂糖を少しずつ入れ、硬さにむらの出ないように注意しながら、生地と砂糖を上手く混ぜ合わせます。搗き上がったら円錐形に整え、笹でまいてしんこ団子を作ります。笹は祇園祭のちまきに使うために取ってある新笹や、売りに来たものを使い、巻く紐はいがら（いぐさ）などを使います。ちまきは一本ずつバラバラでなく、五本か十本ずつ扇状に束ねます。笹で巻いてあるので、笹の香りがしんこに移り、米だけとは違った美味しさが加わります。食べるときにもう一度蒸すと一層美味しくなりますが、放置するとデンプンが「老化」という現象により不味くなります。この変化はご飯についても同様に起こります。

一般に餅類は平たい丸型、あるいは球状（団子状）に形を整えることが多いですが、中には菱形、扇形、平たい卵形、編み笠形などがあり、和菓子に発展したものについては、後述する花びら餅のように、ごぼう等と組み合わせて独特な形に整えたものもあります。いずれにしても、単に味、香り、触感以外にも姿かたちを楽しみながら食べるという特殊な工夫が発展してできたものでしょう。

すし類

「鯖ずし」は、塩鯖を三枚におろして酢に一時間ほどつけた後、皮をはぎます。途中、上と下（皮側と身側）を浸しかえることを忘れません。酢の浸透にムラを作らないためです。

酢加減は米一升に対して酢一合で、他に砂糖を茶椀に一杯、塩少々。合わせ酢をご飯に混ぜて冷ましておき、竹の皮を用意します。すしの形を整えるときは、切った際に形が崩れないよう、ある程度強く握っておきます。形を整えて、竹の皮にきっちり包んで、三ヶ所ほどくくります。できあがった鯖ずしを並べて軽く重石をし、四、五時間すると食べられますが、一晩おくと、脂ののった鯖の味がすしめしにしみて、更に美味しくなります。これは放置する間に、鯖の身のタンパク質や核酸等の生体構成高分子化合物の一部が加水分解を受け、呈味性《ていみ》（味をつけるもと）の分子が遊離することで味が付いてくるためです。

「蒸しずし」は京都独特かもしれません。比叡山から吹き下ろす北風が京都の底冷えをもたらしますが、寒さのきつい日の食べ方として工夫されたもののひとつと思われます。

作り方は、ちらし寿司と同じように、熱いご飯に酢を混ぜ、甘辛く煮つけた椎茸のみじん切りとその煮汁をすし飯にあわせます。どんぶりによそい、その上一面に錦糸卵をのせます。さらに甘辛煮の椎茸、焼きあなご、ゆでえび、むきえんどう、魚のおぼろ等を色どりよく並べて、ふたをして蒸します。蒸しても生臭くないもの、色の変わらないものを選んですしの上にのせるのです。

京都での米の工夫

基本食のご飯あるいはその派生した食べ方を、まず述べました。米は全国各地、それぞれの土地で、風土に最も適した食材と、風習に合わせた食形態で食べられています。とりわけ京都は長年の都であり、文化的蓄積も豊富です。米を使った食形態も独自のものがあると考えられます。

なかでも餅は、主食としての立場から離れて、おやつやお土産、神社・仏閣での法事、祭事の名物として、京都にはきわめて多種多彩といえる餅加工品が存在します。

代表的なものをあげてみます。かしわ餅、あぶり餅、長五郎餅、羽二重餅、栗餅、梅餅、豆餅、花びら餅（お茶会の初釜の時に出る、丸くのばした白餅に赤く染め菱形にのばした薄い餅をかさね、甘く煮たごぼうをおき、白みそとともにくるんだもの）、練り切りを含む上生菓子、雪餅、みたらしだんご、茶だんご（宇治地区で生産されるお茶との組み合わせで京都独特の米製品）。

さらに、乾燥させて場合により味の付いたたれをつけて焼いた米菓子、かき餅等あげるときりがありません。このような餅製品、餅加工品は全国各地にも無数にあり、それぞれの土地の風土と結びついた特徴ある名物が、それぞれの土地にあることは先に述べたとおりです。ただ、京都は歴史と多くの人々の批評に耐えて形作られてきたものだけに、他の土地とは異なる洗練された製品が多いことは誰でもが認めるところだと思います。

また米をただ加熱してそのまま食べるのではなく、「すし」にする手法は特に京都で発展しています。鯖ずし、蒸しずしなどは先に述べたとおりです。また、餅に上手く豆製品や豆そのものを配置して独特の風格に仕上げたものもあります。京都での米製品、加工品の成分的な特色は矢張り、保存加工品との組み合わせといえるかもしれません。

京都は都であったため人口が多く、遠く離れた生産地からの食材をできる限り腐敗などの変化を防止しつつ食べるためにあらゆる努力がなされました。

いろいろな形態のすしがあることは、酢（酢酸）の酸味を楽しむだけでなく、ペーハー（p

H）を下げ（酸性にすること）、少しでも食材を長持ちさせようとした工夫の結果でしょう。また、ちまきは、笹の葉を使って内部の可食部を包みますが、この方法は笹の葉で包むことにより可食部の乾燥を防ぎ食感を長持ちさせると共に、外部からの雑菌をシャットアウトするための無菌包装に相当する効果を利用してきたものです。

笹を山から採ってきて、表面を清潔な濡れ布巾などできれいにした後、整形した米製の可食部を置き、丁寧に包み、外周を紐で締めることにより外気との接触を絶つ。最後に蒸し器の高温蒸気で加熱するわけですから、通常の雑菌はすべて死滅します。紐で縛ってあるので冷えても、そう簡単に外からの雑菌は進入できません。われわれが通常目にする缶詰、壜詰に相当する技術が、ずっと昔から使われていたのです。原理を考えた驚くべき工夫といえます。

なお、最近、笹の葉の表面からは雑菌の繁殖を妨げる成分が放出されているということも分かってきました。だとすると昔の人は、笹を使うことで食材の腐敗防止ができることを経験的に知っていたことになります。同様の効果は、かしわ餅、桜餅で使われる葉にも期待していたのかもしれません。桜餅に使う桜の葉は、柔らかいうちに採り、塩漬けにした後に使います。食塩処理はいうまでもなく塩味をつけることがひとつの目的ですが、同時に食塩処理により雑菌の増殖防止をすることでもあります。さらに食塩と接触することで葉中のタンパク質の一部は溶けやすくなります。その結果、一部は分解し呈味性のアミノ酸を放出することになるのです。これらの作用が複合的に相互作用して、より美味しく仕上がることは納得できます。

二　コシヒカリの源流は京都にあった

これまで述べたように、京都近辺には米を使った食べ物の種類は極めて多いといえます。しかしながら、米の最大の消費形態は何といっても主食の白飯です。次は、この主食としての米について話を進めましょう。

現在の日本で〈美味しい米〉の名前をあげなさいというと、誰でも必ず「コシヒカリ」の名前をあげるでしょう。さらに、その「コシヒカリ」は「何処の産地のものが美味しいといわれるか」と聞くと、おそらく「魚沼」と云う地名があがり、美味しいお米の代表は魚沼を含む新潟産ということになります。残念ながら京都は、「コシヒカリ」とも米の美味しさともほとんど無関係のように思われています。

ところがどうして、「コシヒカリ」と「京都」の間には実は深いつながりがあったということを、これから紹介します。

山本新次郎の功績

図2にコシヒカリの誕生に関する系譜図を示しています。この図から分かるように、コシヒカリは農林一号と農林二二号の交雑から生まれたものです。このコシヒカリの父親にあたる農

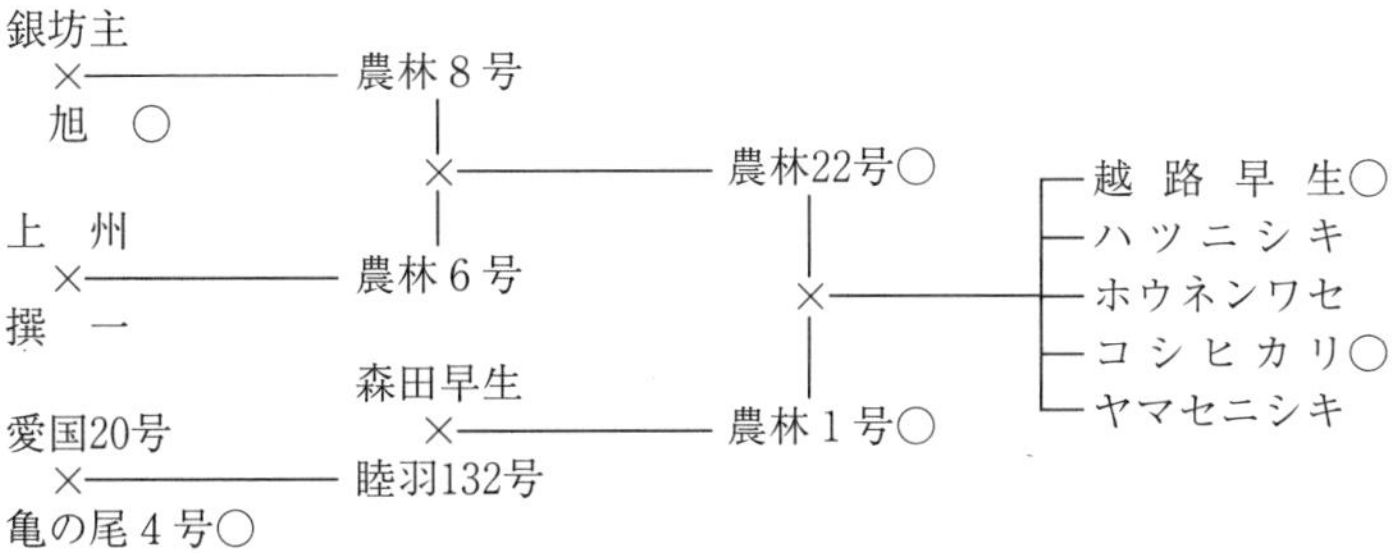

注）姉妹品種は品種名命名の早いものから順次ならべた。
○印は良食品種

図２　コシヒカリの系譜

林二二号は、京都の篤農家であった山本新次郎によって分離され、その後、京都府農業試験場の育成協力により旭(朝日)として育成された品種を祖父に持つものです。従って、コシヒカリの大祖父は京都育ちで、コシヒカリは旭のひ孫だったのです。

山本新次郎は京都府乙訓郡物集女《もずめ》で農業を営む篤農家でした。明治四一(一九〇八)年秋のことでした。この年は天候不順で稲の生育は芳しくなく、山本の水田でも生育が良くない上に多くのイネが倒伏していました。その中に、倒伏を免れた上しっかりと穂を実らせている一株を偶然見つけたのです。向日市史には、その後のことが次のように記されています。

「稲作の改良に熱心だった新次郎は偶然発見した新品種を固定化することに努力して、成功した。この品種は収穫量も多く、瞬くうちに近隣に広がった。」

当時の府立農業試験場も普及に乗り出し、この品種は全国を席巻していきました。

図3　山本新次郎の顕彰碑

大正四（一九一五）年新品種「旭」は、乙訓地域の水稲作付け面積の六割を占め、昭和一一（一九三六）年には全国でも二割を占める勢いでした。いかに画期的品種であったかを浮き彫りにしています。

大正から昭和にかけて、旭の品種が全国二十数県で栽培されていたこともあり、今も岡山県などは旭を使う育種に熱心だといいます。

山本新次郎に見習うべきは、環境変動に強く味も良い理想の品種を求めて不出のコシヒカリの親系統を見つけた心意気でしょう。闇雲に頑張るだけでは環境ストレスに強く、なおかつ良食味で、収量性も良い品種に巡り会えるわけはありません。絶え間ない努力に加え、日頃から理想の目標に対する繊細な感性があってこそと思えます。山本新次郎の功績を地域の人々の誇りとして記憶に残そうと、大正三（一九一四）年、物集街道沿いに顕彰碑が建てられ新次郎の功績が顕彰してあります。

コシヒカリは新潟、福井あたりの産物かと思っている人も多いと思いますが、品種開発にとって最も重要な場面に京都が関与してきたことを忘れてはならないでしょう。

「旭」はその後、品種改良が続き脚光を浴びなくなりましたが、現在、全国で栽培されている良食味米のほとんどにその血を分け与え、今もその遺伝子は日本国内だけでなく、海外にも生き続けています。

コシヒカリ誕生までの困難

京都に血筋をもつ「旭」からコシヒカリが誕生し、今日の名声を博していると説明しましたが、コシヒカリが評価を得られるまでには数々の困難があり、奇跡としかいいようのないほどの偶然が重なってコシヒカリが誕生したことも述べておきます。

即ち、戦争末期から敗戦直後の食糧難時代、質より量が重要視された時代に多収(収穫量が多いこと)とはあまり関係のない品種が育種されているということ。さらに、多収だけでなく、現在でも稲の大敵であるイモチ病に強い品種を生み出すことがねらいであったはずの育種目標とは違った特性を持った品種が廃棄されずに生き残ったこと。また、もともと人工交配された場所は新潟県でしたが、福井県に里子に出され福井で成長したこと。しかし、福井県では広く農家で栽培される品種、いわゆる奨励品種とはなり得なかったこと。

驚くのは、これだけの困難に見舞われ途中廃棄されてもおかしくなかったコシヒカリが現在に生き残り、大活躍している現実です。その裏には、新潟から福井へやってきて育てられた品種が再度、新潟に帰りそこで奨励品種として採用されるという通常では考えられないプロセスがあったのです。

この新潟県で周囲の反対を押し切って、コシヒカリが奨励品種に採用される経緯を作った仕掛け人が、杉谷文之という人で、これも京都に関わりのある人でした。彼は新潟県農業試験場長を勤めていましたが、学生時代を京都で過ごしました。富山県出身で、昭和七（一九三二）年京都帝国大学農学部を卒業しています。彼は、まだ、多収第一といわれる時代にコシヒカリの熟色鮮麗（熟した時の稲穂の黄金色が鮮やかで光輝いている様子を表現した言葉）といわれる姿と食味の良さから、コシヒカリに惚れ込んでいたといいます。コシヒカリは栽培中に倒れ易く、別名「芸者イネ」と悪口をたたかれる場合も良くあったということですが、コシヒカリはこのように品種の源流でも、育種家に関しても、さらにあだ名でも京都につながりを持っているようです。

三　魚沼という土地

新潟県魚沼地方といえば、思い出されるのは川端康成の小説『雪国』の冒頭、「国境の長いトンネルを抜けると雪国であった」という印象的な言葉です。最近では新幹線が走っていますから、地理的には越後湯沢の駅を降りて、在来線に乗り換え、北へ進んでゆく路線沿いです。

魚沼地方は福島、群馬、長野の三県に接する豪雪地帯であり、その水田面積は北、中、南の魚沼三郡を合わせて、二万二千ヘクタール。新潟県水田面積の一二％程度で決して広くはありません。

この地方は新潟県では最も南に位置しますが、高原地帯で寒冷です。屈指の豪雪地帯で、周囲に石打、苗場、八海山、上越国際等の有名なスキー場があることを思えば納得して貰えるでしょう。さらに、東に割引岳、谷川岳、朝日岳という二千メートル級の山を仰ぎ、西からは当間山、枡形山が迫ってくる谷間に形成された盆地でもあります。その谷底を清流をたたえた魚野川がほぼ正確に南から北に向かって勢い良く流れています。魚野川の両岸は山が迫っており全体的に山裾から川岸にかけて、田圃は緩く棚田を作っているといえます。

この地形は決して大量生産には向いていません。しかしながら、作物の生育生理を知るものにとって、特定の作物の品質向上には願ってもない地形でもあるのです。その理由は後ほど説明しましょう。

京都の米を語るのにどうして魚沼の話が出てくるかというと、美味しいお米が生産される地形や環境をまず理解しておく必要があると思うからです。言い換えると、現在、最もおいしといわれる魚沼のコシヒカリが登場した背景を理解して、どうして美味しくなるのかを理解すること。同じ背景があれば、何処でも魚沼に劣らない米ができて当たり前でしょう。だから、京都には魚沼と同じ背景が存在するかどうか、それを考えるために魚沼を知らなければならないという理屈です。

コシヒカリの定着

コシヒカリが魚沼地方に定着したのは、魚沼地方の稲作農家がコシヒカリの食味に飛びついたからというわけではありません。むしろ、土地との適性に惹かれたからです。新潟県農業試験場がコシヒカリを魚沼地方むけに奨励したのも、魚沼の自然条件が比較的コシヒカリの栽培に向いていると同時に、同地方の米作りが、魚沼より北の平野部に広がる蒲原《かんばら》地方のように、たっぷり肥料をまいて増収を目指す多肥多収の米作りでなかったからなのです。

じつは、それまで長い間、魚沼地方には最適の品種がありませんでした。戦前、新潟米の救世主といわれた「農林一号」も魚沼地方には不向きで、その恩恵に浴することはほとんどありませんでした。というのは、雪深い魚沼地方は当然雪消えが遅いのですが、その後、急速に気温が上昇するという特殊な気象条件にあり、「農林一号」のような早生種の栽培には向かなかったのです。

たとえば、コシヒカリが栽培され始めた一九六〇年頃の魚沼地方では、田植え作業は蒲原地方より半月ほど遅く、五月下旬から六月中旬頃でした。田植え後の稲の生育は、用水の温度が低いため抑えられ、必要な茎数を確保することが容易ではありませんでした。さらにその後、気温が急速に上昇するため、稲は未熟なまま実りだしてしまうのです。

イネは穂を出すタイミングを生育する気象環境で決めます。原種に近い多くのイネは光に感じて穂を出す。即ち、昼より夜の時間が長くなる秋口になって初めて穂を出す性質、短日性を持つものが基本です。しかし、品種改良により、昼夜の長さに関係なく、気温が一定温度より高くなると穂を出す、感温性を持つ品種が多く育種されてきました。寒冷な土地でも米作りができるようになったイネの多くはこの性質を持っています。「農林一号」は感温性が高く、しっかりした体が出来上がらないうちに、穂が出てしまう生殖成長に切り替わり穂を作り始めます。このように茎数不足のまま穂を作り始めては高い収量は望めないわけで、早生種の「農林一号」は魚沼地方には不向きな品種と敬遠されてしまいました。

この魚沼地方の気象条件では、「農林一号」に代わって基幹品種になった「越路早生」もやはり不向きでした。「越路早生」は、低温や冷水に遭うと初期生育が阻害され、穂揃いが悪くなる品種だったからです。

そこで魚沼地方には早生種は適さないとして、中生種のコシヒカリを奨励することになるわけですが、栽培してみると予想外に適していることがわかりました。たとえばコシヒカリは耐冷性品種として育成されたわけではないのに、低温に強く冷水にも強い。このため山間部でも初期生育はかなり順調でした。また山間部は気温が低いため平場で栽培されるよりも草丈が低くなり、それだけ倒伏しにくくなるというメリットもありました。

さらにコシヒカリは基本栄養成長性が大きい品種といわれます。つまり、「農林一号」が示さなかった、しっかりした体が作られてから生殖成長に切り替わるという性質を持っているのです。このため、栄養成長期間中に急激に気温が上昇してもすぐには生殖成長には切り替わらず、必要な茎数を確保することができるわけで、早生種に比べ増収が可能であり、このため魚沼地方にコシヒカリは普及していったといわれています。

そうはいうものの、コシヒカリは栽培が難しい品種であることには変わりなく、現在ではある程度満足できる収量をあげることのできる農家でも、初期には葉イモチ病が大発生して収量が期待した半分にも満たない状態が続き、作付けを断念しようとした農家も沢山あったそうです。また、イネの腰が弱く芸者イネとあだ名がつけられた通り肥料のやり方を誤るとすぐ倒伏してしまい、全く農家泣かせでした。しかし、味が非常に良いために自家用にだけでもという形で作り続けられていました。

コシヒカリが見捨てられずに作り続けられたもうひとつの大きな理由は、魚沼地方は農家の平均耕作面積が一戸当たり〇・六ヘクタールと零細で、たとえイネが倒伏し農作業が煩雑になったとしても労力的に対応できたためです。このことも魚沼地方にコシヒカリを定着させた大きな理由となったと考えられます。一方、耕作面積が大きくなると倒伏したイネの収穫作業などは大変な労力を必要とし、大規模栽培には向きません。このような理由から作付面積が狭いゆえに丁寧な作り方で対応できる魚沼地方に、コシヒカリは定着していったのです。そういう意味で、京都府下の丹後地方の稲作も決して大規模とはいえず、イネが丁寧に育てられる風土は魚沼に似ています。
魚沼地方でのコシヒカリの普及は、一九六一年頃、南魚沼郡で二割を突破しています。その後も、作付け割合は増加し、一九六四年には三割に達しましたが、他の地方では、それほど普及する品種ではありませんでした。

タンパク質とおいしさの関係

この魚沼地方へのコシヒカリの普及に関連し、新潟県農試はイモチ病と倒伏を防ぐために徹底して施肥管理、特に窒素施肥の抑制を呼びかけました。当時はまだ、窒素肥料と食味との関係は明確でなかった時期ですが、病気を防ぐための対策が期せずして良食味栽培のマニュアルを提示したことになり、「幻の良食味米」の存在を、米業者の間に広めるきっかけとなりました。

イネの体内の窒素成分が高まればイモチ病にかかりやすくなり、倒伏しやすくなることは当時から知られていました。このため新潟県農試はコシヒカリの欠陥克服を意図して元肥抑制をよびかけました。近年、判明したことは、窒素肥料を控えた健全な米作りをすればするほど、米の食味は大きく向上するという点です。すなわち、魚沼地方の農家による倒伏とイモチ病を防止するための窒素の抑制が、結果的に味の良い米作りを意識しないうちに実践させてきたことになります。

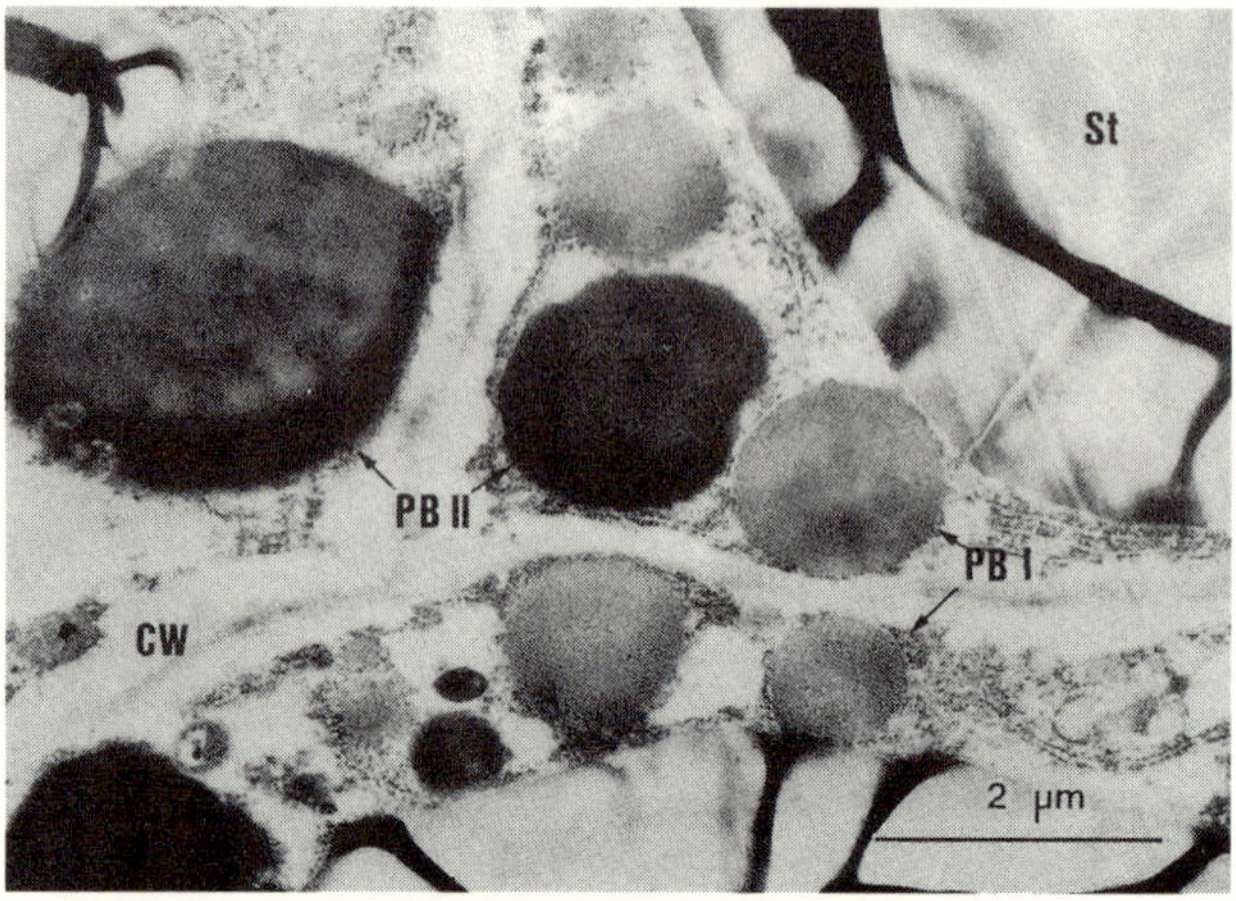

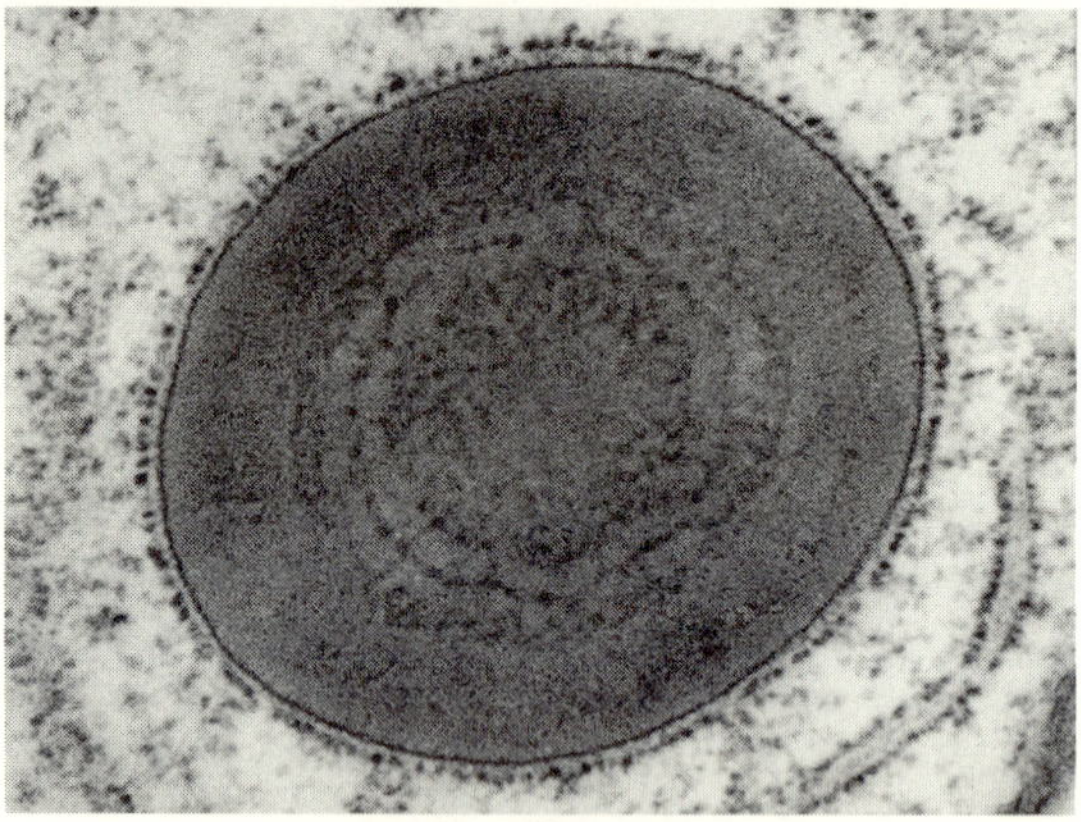

図 4a（上） 米の中に存在するタンパク質顆粒（PB）。PB-Ⅰは水に溶けないプロラミンというタンパク質を含み，食味を損なうと考えられる。PB-Ⅱは比較的栄養価の高いグルテリンというタンパク質を含み，食味にあまり影響ないと考えられる。(St＝デンプン粒，CW＝細胞壁)
図 4b（下） PB-Ⅰ，形成途中の拡大写真。

この点に関しては筆者らの研究により、米粒中の窒素と食味の関係について明快に説明できる科学的根拠を明らかにすることができました。

すなわち、お米のタンパク質は米粒中で均一に細胞中に溶けているようなものではなく、プロテインボディ（ＰＢ）と呼ばれる細胞内顆粒として米粒の外周部に高濃度で分布するということが分かったのです。このプロテインボディは二種類あり、ＰＢ-Ⅰ、ＰＢ-Ⅱと名付けました。どちらも一ないし数ミクロンの非常に小さな顆粒ですが、これらが米のタンパク質の実態であるということを突き止めました。

この二種類のプロテインボディはそれぞれ含む成分が違い、ＰＢ-Ⅰにはプロラミンというタンパク質が、ＰＢ-Ⅱにはグルテリンというタンパク質が、それぞれ特異的に集積しています。グルテリンというタンパク質は、大豆などの豆類が持っている水に比較的溶けやすいグロブリンというタンパク質に似ています。ここで重要なことは、グルテリンは水になじみやすいことから食味にはそれほど悪影響を与えないと考えられますが、プロラミンというタンパク質には水をはじく性質があるということです。

またさらに大切なことですが、ＰＢ-Ⅰは米粒の外側を包むように分布していることも分かりました。このことは、米タンパク質が米飯の食味に強い影響を持つことを説明するために、非常に大切なことです。米作りで窒素肥料を多く施肥すると米のタンパク質含量は増しますが、とくに米の実りの時期に窒素肥料が多いと、その窒素成分の多くはＰＢ-Ⅰとして米粒に蓄積

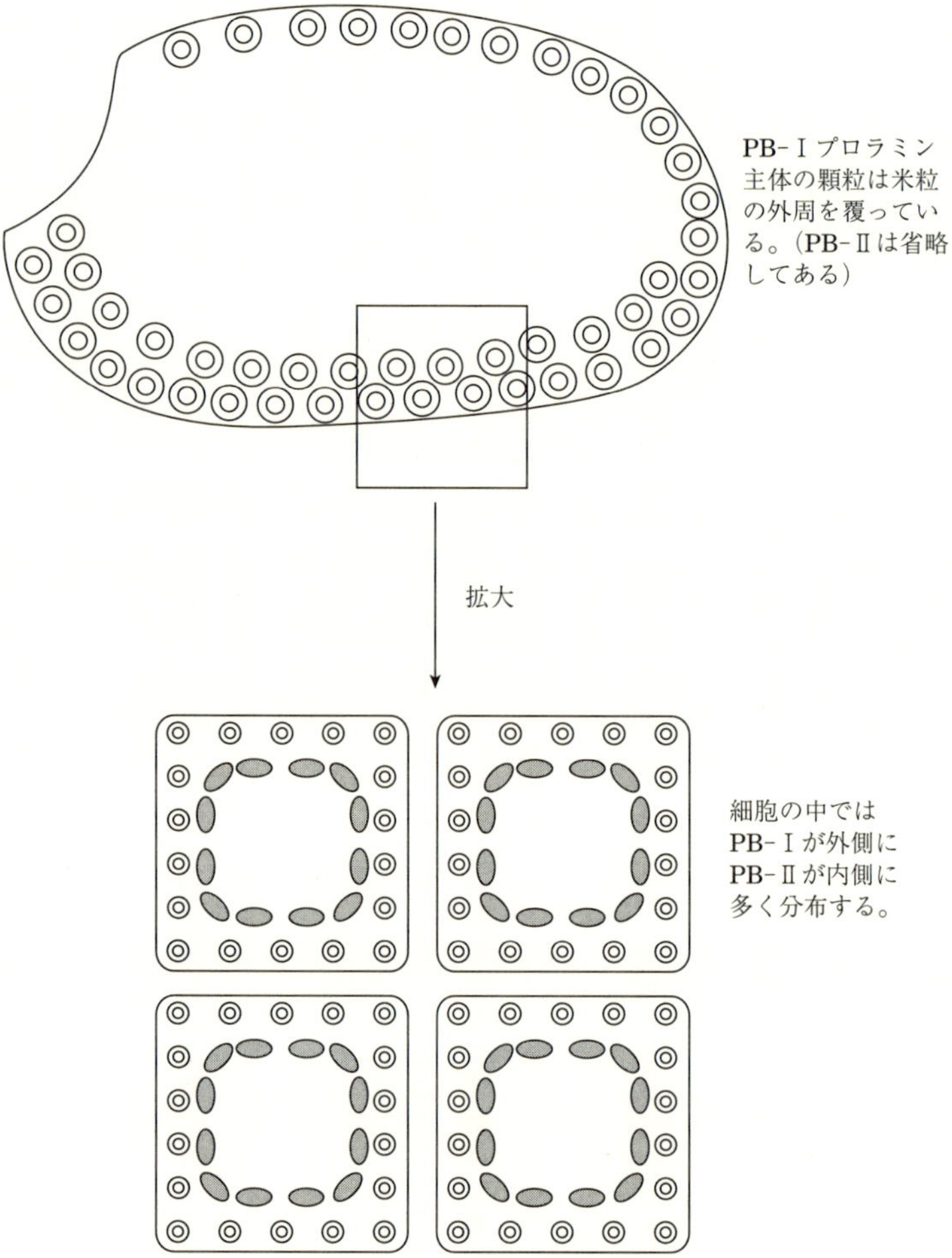
PB-Ⅰプロラミン主体の顆粒は米粒の外周を覆っている。(PB-Ⅱは省略してある)
拡大
細胞の中ではPB-Ⅰが外側にPB-Ⅱが内側に多く分布する。

図5　プロテインボディの米粒，細胞中での分布の様子
(◎，PB-Ⅰ；●PB-Ⅱ)

し米粒の外周を覆い尽くします。既に述べたように、PB-Iはプロラミンというタンパク質を含み水になじみません。当然、米は粘りを失ない、米も硬くなります。このため、飯米としての米の食味を損ないます。なぜならご飯は粒のままで食べるからです。

窒素分が多いとお米の味が損なわれることは、農家の人は以前から気づいており、とくに成長の後期の施肥には、とても神経を使われているようです。刈り入れの直前に魚沼地方を訪れると、イネを育てた人ならばすぐに分かることですが、見渡す限り窒素欠乏状態の淡い黄金色になっています。魚沼地方が組織的に如何に窒素の施肥管理をしているかがうかがえます。

もちろん、窒素肥料をできるだけ抑制するという栽培法は、半面では収量の低下をまねくことになるだけに、終戦間もない頃で収量を向上させ、多肥多収の米作りに意欲的に取り組んでいた新潟県でも魚沼以外の農民には、到底受け入れられない栽培法でした。ところが、これまで山間地向きの良い品種を持たず、平野部の蒲原地方より一〇アールあたり一俵（六〇キロ）から一俵半も低い収量に甘んじてきた魚沼の稲作農家にとっては、七俵前後の収量でもまずまずであり、窒素を控えた米作りをそれほど気にかけずに受け入れたと考えられます。

そしてこのような形で生産される魚沼コシヒカリの味は、米穀業者の間には〈幻の味〉として秘かに知れ渡っていったのです。

四　京都にも魚沼がある

京都に魚沼があるというと、同一の地名が京都府のどこかにあると勘違いされるかもしれません。しかし、ここでいう京都の魚沼とは、地名そのものではなく、魚沼に匹敵する良食味の米が生産できるはずの地形があるということです。その場所と土地の特徴について紹介しましょう。

前節で魚沼地方の地形について細かく紹介しました。本章の目的は魚沼の紹介ではないはずなのに、というご意見ももっともですが、現在の日本の良食味米生産地のナンバーワンはなんといっても魚沼。理論的にいっても、もし魚沼以外の土地において魚沼で行なわれている米作りを完全に再現できれば、必ず魚沼産と同等の良食味米が生産できるはずです。完全に同一の環境条件を作るということは不可能としても、本州の米生産地の多くでかなり近づけることは可能でしょう。そのために、魚沼地方の状況を、やや詳しく述べました。美味しい米が出来る理由を理解するためには、まず魚沼を勉強する必要があるからです。

丹後地方の地理

さて、京都府の米生産の中心は府北部の丹後地方です。丹後地方は、以前から美味しい米ができるということで有名です。事実、昭和の終わり頃、日本穀物検定協会の評価は魚沼と同じ特Aが続いていました。しかしながら、平成に入ってからこの評価にかげりが見られ、ここ数年の丹後地方のお米の品質評価は芳しくありません。しかし、丹後地方の地形を眺めてみると信じられないほど魚沼との共通点が見られるのです。それにもかかわらず、最近の評価が落ちたとするなら、作り方のどこかが変わっていることになります。

まず、丹後地方の地形ですが北緯三六度付近、魚沼は北緯三七度付近ですから丹後地方は若干南に位置し、それだけ年平均気温は高くなります。しかし、新潟県ほどでないとしても丹後地方は北に日本海を臨み、南に大江山連峰の壁が配置された湿気の多い地方であり、この湿気の多いことが幸いして織物産業にとっては好都合で、昔から丹後ちりめんとして知られる絹織物の産地となっています。また、湿気が多いため冬は積雪も多い。魚沼地方も日本海からの湿気が上毛高原にさえぎられて、夏は湿気をもたらし冬は豪雪となります。湿気が多いことから魚沼地方でも織物業が盛んで、塩沢の紬織りは有名です。

地形的にも魚沼盆地の中央を魚野川が流れていることは既に述べましたが、同様に丹後地方の盆地にも中央をほぼ正確に南から北へ竹野川が流れており、東西南の三方を山に囲まれ、北に開けている地形は魚沼そっくりです。盆地の南部は標高が高くなっており、なだらかな棚田を形成しているところもあります。このように、丹後は魚沼の地形に非常に良く似ています。

しかし、米作りの様子になるとかなり違うように思われます。筆者は地形的・気候的にも丹後地方と魚沼に共通点があるにもかかわらず、どうして最近の米の評価に違いがでてくるかについて疑問を持っていました。そこで、時間の許す限り、五月中旬から六月に掛けての田植えシーズンと八月下旬から九月中旬に掛けての時期、毎年のように魚沼を訪れました。

魚沼という土地

最初（一九九〇年）は、九月一〇日頃の魚沼を訪ねてみました。この頃といえば丹後地方や滋賀県湖南では稲刈りも峠を越してきた頃です。

筆者は長年、米のタンパク質の集積機構を研究してきました。お米の食味にタンパク質の量が大きな影響を与えていることは良く知られていましたし、食味に一番影響の大きいイネの生育時期は、米の実る登熟期であると睨んでいましたから、この時期を狙ったのです。

目指す魚沼の様子を想像しました。魚沼は丹後より緯度が高くて、なおかつ高地であるため平均気温も低いので、稲の生育を十分にするために田植えを早くして収穫も早くしている可能性があると想像していました。

京都駅から新幹線に乗り琵琶湖側の席を取りました。湖南地方を走りますが、しばらくして車窓から田圃を眺めると、ほとんど収穫が終わり、所々で遅がけの収穫作業が行なわれているという風景が広がっていました。新幹線は湖南からやや北に進路を取り米原から関ヶ原越をしますが、米原《まいばら》に至る滋賀県は概ね同じような稲の刈り取り状態です。

しかし、米原を過ぎて岐阜県へ入ると様子は一転していました。一部には刈り取りを始めた田圃も見られますが、ほとんどはこれからという感じです。関ヶ原近辺は山間の田圃ゆえ生育が遅く刈り入れ時期に達していないためとも思われましたが、さらに平野部へ移った大垣あたりでも同じでした。

作付けている品種の違いもあるでしょうが、「コシヒカリ」「日本晴」など生育時期の特性にそう大きな違いがないことを考えると、府、県での指導に差があるからかも知れないと考えました。

さて、同じ日の午後、東京から上越新幹線に乗り換え越後湯沢へ着きました。在来線に乗り換え越後湯沢から魚野川沿いに魚沼米生産の中心地、塩沢付近まで下ったのですが、そこで驚いたことがあります。列車の両側の窓の外に見える風景は京都を出るときに想像していたものとまったく違っていたのです。一面の黄金色の世界が広がっているばかりで、何処からも収穫のコンバインの音は響いてきません。明らかに収穫はまだ先ということが分かりました。

その後、宿について部屋で着替えをしていると、お茶を運んできた仲居さんに、突然、「お米の買い付けですか」と聞かれてびっくりしました。咄嗟に否定すると同時に、どうしてそのようなことを尋ねるかと聞いてみたところ、毎年この時期には東京方面から収穫前の田圃に来て米の買い付けをする人が沢山来るということです。正真正銘の魚沼産の米を手に入れるには、目の前の現物を見て買うことが一番だということでしょう。

仲居さんからもうひとつ面白いことを聞きました。なんでも、このようにして正真正銘の魚沼産の米を求めてやってくる業者の間では、同じ魚沼産でも魚野川の西岸から取れる米と、東岸から取れる米で値段に差が付けられているということです。仲居さんがいうには、千円の差があるということです。正確にどれだけの米の量に対しての差であるかは聞きそびれましたが、業者の通常の取引単価は一俵単位ですから、六〇キロ当たりの価格差でしょう。専門業者の口には米の味が場所により明確に違うということが分かっているのでしょう。

それにしても、この価格差が生じること、すなわち食味が稲の生育場所により違いが出ることは非常に興味深いことですし、その原因を植物生理学的に説明してみたいと思いました。別の場所でも述べたことですが、この現象は登熟期の日照と気温の差によって説明できます（図6）。

魚野川西岸の田圃は、東の山脈から昇る太陽の光を朝早くから受け、盛んに光合成をして種子を充実することができます。夕方になり西の山に太陽が近づく頃の太陽光は角度が付いておりり穂を温めません。日没と同時に急速に温度が下がるため、呼吸は急速に停止します。日中、光合成により充実したデンプン粒は変化することなく貯蔵されます。一方、東岸は逆になり、朝の陽射しは遅く、夕方は西日のために何時までも高温が続きます。米粒中のデンプンの一部が消化され微小な空隙や小泡が生じ、米粒の品質を落とす原因が生じるのです。

このように、イネの生育する場所による米の品質が植物生理学的に説明できる例として、非

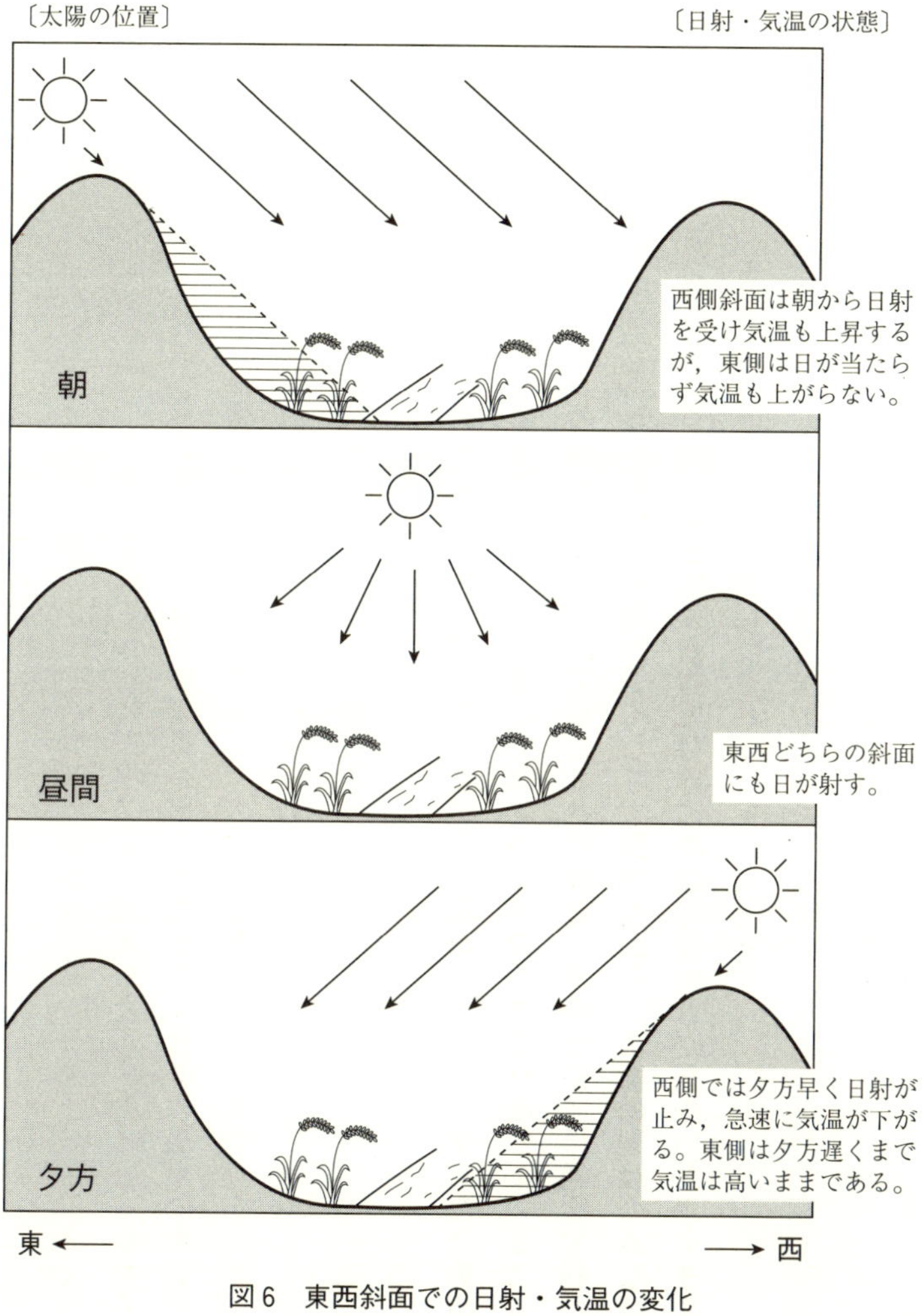
〔太陽の位置〕
〔日射・気温の状態〕
朝
西側斜面は朝から日射を受け気温も上昇するが，東側は日が当たらず気温も上がらない。
昼間
東西どちらの斜面にも日が射す。
夕方
西側では夕方早く日射が止み，急速に気温が下がる。東側は夕方遅くまで気温は高いままである。
東
西

図６　東西斜面での日射・気温の変化

常に興味深く思います。

気温と収穫時期

魚沼の米作りの様子で、もうひとつ重要なことを思い出しました。六日町の温泉で一泊して次の日に、もう少し細かく田圃の様子を見たいと思い、六日町から塩沢までの農道を徒歩で移動してみました。道すがら田圃を見つめながら、重要な点に気づいたのです。田圃をよく見ると見渡す限り黄金色という表現そのものですが、何となく田圃の色彩に物足りなさを感じました。植物生理学を学んだ人にはすぐに分かることですが、明らかに窒素欠乏に近い状態なのです。

魚沼の稲の作付けは予想に反して京都、滋賀当たりと比べ、かなり遅い。京都、滋賀あたりの田植えは、近年、五月初めの連休中にすませてしまうというやり方が流行っているようです。五月晴れの空の下で機械による田植えが主流。以前と比べ、かなり早い時期の田植えが行なわれているという印象です。当然、出穂、登熟は早くなり、八月に入ったら登熟がはじまっている田圃を目にすることが多く、八月の終わりから九月はじめに刈り入れが行なわれています。登熟といわれる、お米の実る頃に最も高温に曝されることになります。

お米にとってこの状態は決して好ましくありません。なぜなら、お米も生き物で常に呼吸をしています。人や動物と一緒で、暑いと体力の消耗が激しく呼吸が盛んになります。とくに植物は日中の太陽の日差しがきついときは盛んに光合成をしてデンプンを種子中にため、お米を実らせます。

夜になると光合成はできませんが、引き続き種子は呼吸を続けています。しかしその時、周囲の気温が高いと夜でも呼吸が激しく、昼間蓄積したデンプンを分解して呼吸のために使ってしまいます。

そうすると、お米の中に空隙ができてお米の透明度が下がり、炊いたときにも充実感のないしっかりした歯ごたえのお米ではなくなります。したがって、登熟時は、昼間は高温で太陽の光も強く、光合成が盛んに進みますが、ひとたび日が落ちると周囲は急速に涼冷になるような環境が望ましいのです。

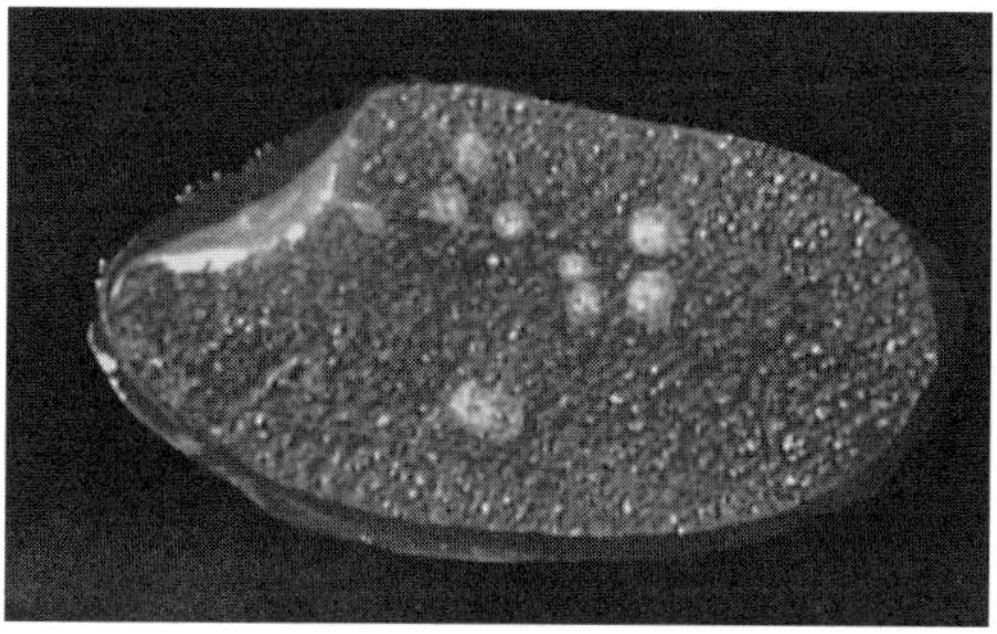
図７　空隙のできた米粒

そこで、魚沼の話を思い出してほしいのですが、魚沼地方は海岸から内陸に数十キロ入った高地です。日中はかなりの高温になりますが、日没とともに急速に気温が降下する地形。特に魚野川の西岸の地帯は、朝は早くから日が射しますが夕方は急速に山の日陰になり気温が下がります。そのため塩沢から、六日町にかけての田圃は良食味の米が実るための理想的な地形なのです。

米作りの課題

丹後地方の話に戻すと、海岸から少し内陸に入った、峰山以南の竹野川の西岸に位置する一帯は良食味米作りにとって、魚沼に匹敵する理想的な地形と思われます。まさに、京都にも魚沼があるという所以です。

いずれにしても、高温登熟を避けるように栽培方法を工夫し、なおかつ施肥法にも工夫を加えることで丹後地方の米はさらに美味しいという評価を得られると思います。

図8に丹後地方と魚沼の登熟期間の積算気温を示しました。ひと目でその差が分かります。積算気温を魚沼並みにするには、丹後では少なくとも登熟時期をひと月は遅らせる必要があるでしょう。

しかし、お米は味だけではないという作る側の意見もあります。生産量が激減しては何の意味もありません。そこで、評価を落とさず、ある程度の生産量を維持できる作付け時期の設定、施肥法の検討などが今後の課題といえます。

京都府北部には、地形的に魚沼に匹敵する場所があることを述べました。また、以前から丹後地方の米の美味なことは良く知られてきました。事実、昭和の後半における日本穀物協会の丹後米に対する評価は魚沼産に匹敵する最高位の特Aでした。しかし、最近の評価は芳しくなく、その原因もこの数年間色々議論してきました。

ところが、この原稿を書いている時期に、平成一五年度産の米の日本穀物検定協会からの評

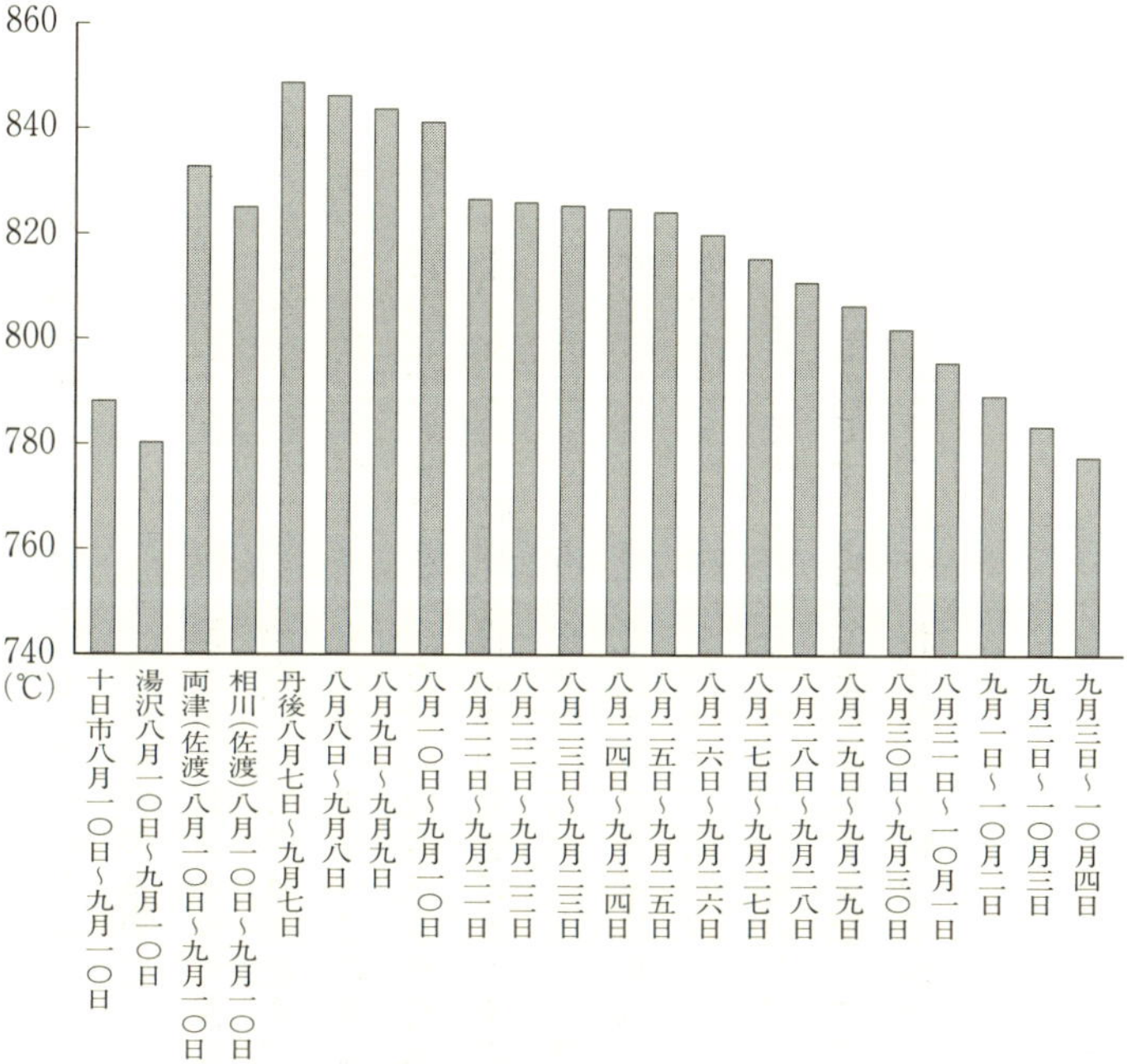

図8　平成12年の平均気温積算（アメダスより奥西紀子作）

価結果が発表されました。その結果、何と丹後産コシヒカリが特Aの評価を受けていました。京都産の米が、魚沼産の米並みの評価である特Aを受けることは、われわれ京都の米研究者、生産者、販売関係者の二〇年近い悲願でした。矢張り、京都の米は魚沼に負けず劣らずの美味しい米であることが再び証明されたのです。しかし、米の作り方が不味いと味も不味くなることも明らかにされたように思います。丁寧な作り方で特Aの評価を保ち続けてほしいものです。

五　米の味

米の味を定義することは非常に難しいことです。味そのものは、感性の問題であり、主観的問題であり科学的な単純な物差しがないためです。長さ、重さ等のような、いわゆる物理的な物差しがある場合は評価が簡単です。しかし、米に味があり美味しい米と不味い米があることも事実です。ただ、同じ米でも食べる人の好みにより評価が逆転している場合もしばしば見られます。しかし、一般的な好みの傾向から食味の良否を判定する目安は色々工夫されています。日本穀物検定協会による重要評価項目は、外観、香り、味、粘り、硬さの五項目で、それぞれに評価段階が設けられています。したがって、米の味はこれらの項目の評価の総合されたものになります（図9）。

さて、右記の項目の特性に影響している米粒中の化学成分は、非常に多数であるため対応づけることは極めて困難です。主要成分であるデンプンやタンパク質についてはある程度の対応付けができるようになっていますが、香りの成分や、旨味成分となると、まだまだ調査を要することばかりです。

デンプンの種類

デンプンには、糯《もち》種デンプンと粳《うるち》種デンプンがあります。簡単にいうと糯種デンプンとは餅を作るときに使われる粘りの多いデンプンのこと。一方、粳種デンプンとは私たちが通常ご飯として食べているデンプンです。粘ることは粘っても餅ほどでありません。この違いが出る原因はよく分かっていて、図10に示すように糯種デンプンはデンプン分子が枝分かれした構造を持っており、水分子を包み込みやすい構造になっています。この構造のデンプンはアミロペクチンと呼ばれます。一方、粳種デンプンには直線上に伸びた構造の分子も含まれています。この構造のデンプンはアミロースと呼ばれ、こちらの分子はデンプン同士が寄り集まろうとする性質が強く水との親和性が枝分かれした分子よりも劣っています。従って、この構造の分子が多くなると米粒の粘りが少なくなります。

	不良					普通（基準）	良				
	もっとも	たいそう	かなり	すこし	わずかに		わずかに	すこし	かなり	なかなか	もっとも
	-5	-4	-3	-2	-1	0	1	2	3	4	5
外観											
香り											
味											
粘り											
硬さ											
総合											

図９　パネルカード（農水省食品総合研究所）

私たち日本人がご飯として美味しいと思う米のアミロース含量は、大体一五％から二〇％程度です。このアミロースはインディカ種と呼ばれる米

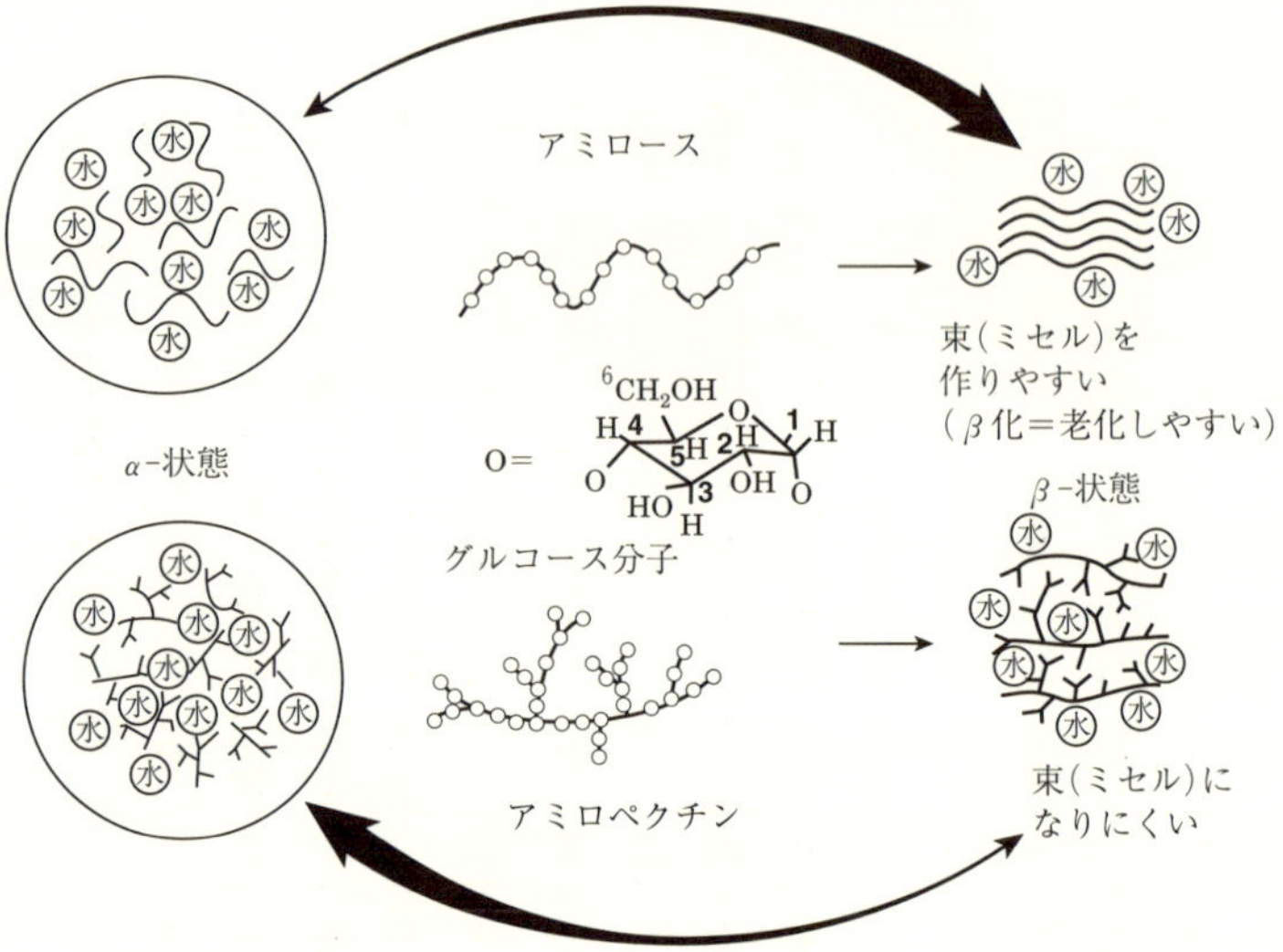

図10　アミロースとアミロペクチンのα−，β−状態

には三〇%を超す量がふくまれ、日本種と比べ粘りが少なく硬く感じられますが、東南アジア地域での調理法に良く合っています。

ところで、前にも述べましたが、米の味に影響の大きなもうひとつの重要な成分がタンパク質です。タンパク質は通常一〇%以下ですが、食味に影響が大きいことは以前から分かっていました。しかし、デンプンより含量が遥かに少ないにもかかわらず、大きな影響を与える理由は最近になって良く理解できるようになってきました。即ち、タンパク質は米粒の外周部に多く精白米の表面はデンプンよりタンパク質に覆われているのです。お米はご飯として粒のまま調理されるためタンパク質の量は比較的少ないにもかかわらず、米の食味に大きな影響を与えます。この点、米タンパク質の食味に対するかかわり方は、粉にしてから再度整形して食べる小麦のタンパク質とは異なることが分かります。

六　歴史的な米加工技術――むすびにかえて――

米は日本人にとっての基本食材ですが、茶道とともに発展してきた茶菓子、和菓子の中に生きている米の役割も重要です。

和菓子制作には、特別に吟味した米粉が用いられます。その意味で和菓子は米から作る最もソフィスケートされた製品といえます。京都にはこの和菓子屋が至る所に存在します。ここでは、餅米・粳米からできる数々の菓子原料としての米粉について考察してみます。

主食としての基本的な食べ方は、粒のまま調理して食べる食べ方です。これは米が多くの穀実の中で唯一、粒のまま食べても美味であり、大きく加工することを必要としない穀実だからです。米以外の小麦、大麦、トウモロコシ等は、一度粉にするか押し潰すなど、少なくとも変形して食用に用いる場合がほとんどです。

しかし、米といえども和菓子のように基本食としての機能を離れた食品形態をとる場合は、一旦粉に挽き、その後、整形して食品として食べるように発展しました。

最も初歩的な米の加工は、小米、割米、未成熟米等を煎り米にして芳香を与えた後、粉に挽き熱湯でこねて食べる「はったい」のような食べ方でしょう。また、初期の団子、ちまきは基本食の域を出ていないと考えられますが、京菓子と称せられるようになった和菓子に使われる原料粉は非常に厳選され、きめ細かな処理を施された米粉が用いられています。

米粉の違い

これらの米粉には大きく分けてふたつの状態の違いがあります。ひとつは、アルファ化状態のもの、もうひとつはベーター化状態のものです。

アルファ化デンプン（またはα-デンプン）とは、広義には糊化したデンプンのことで、天然のデンプンをβ-デンプンというのに対応した名称です。狭義には、α-デンプンはデンプンを糊化させ、すなわちα-化させて、その性質が変化しないで保存できるように急速に乾燥させた加工デンプンの一種ということができます。

デンプンを水と加熱すると、ある温度で急に半透明になり粘度が増加して、いわゆる糊ができます。元々のデンプン粒中のデンプン分子は、ミセルと呼ばれる分子同士が束になり規則正しく集まって結晶構造を作っています。このミセル構造は加熱により壊れ糊状を呈するようになります。この状態を、α-化されたデンプンの状態といいます。糊化したデンプンを温度の低い状態で放置すると、間もなく粘度も下がり、濃度が濃い場合はゲル化と呼ばれるゼリーや寒天状に硬くなります。このような状態を専門的にはデンプンの「老化（retrogration）」とも呼んでいますが、この変化を分子の状態で説明すると、デンプンの鎖同士が再度束になってミセルを再形成するためです。しかし、和菓子作りの現場では、このデンプンのα-化、β-化(いったん糊化したデンプンが再度固くなること＝老化)を上手に使い分けて手の込んだ和菓子製作に活用されています。

実際に使用されている米粉には次のものがよく知られています。

α-型製品(糊化状態のもの)：寒梅粉、味甚粉、落雁粉、道明寺、上南粉等

β-型製品(生粉)：餅粉、白玉粉、上用粉等

これらの米粉は現在では全国どこからでも手に入れることができて、それぞれ目的の菓子作りに使用できますが、京都には原料粉の調達、菓子作りの手順、実際に菓子が振る舞われるまでの過程が何百年と伝承されてきました。

米加工の洗練

そのような米を使った製品としての極みを、京菓子のひとつである川端道喜《かわばたどうき》の「花びら餅」(御菱葩《おんひしはなびら》)に見ました。

この餅は今では正月の裏千家の初釜に納めるものですが、その作り方、納め方に対する配慮

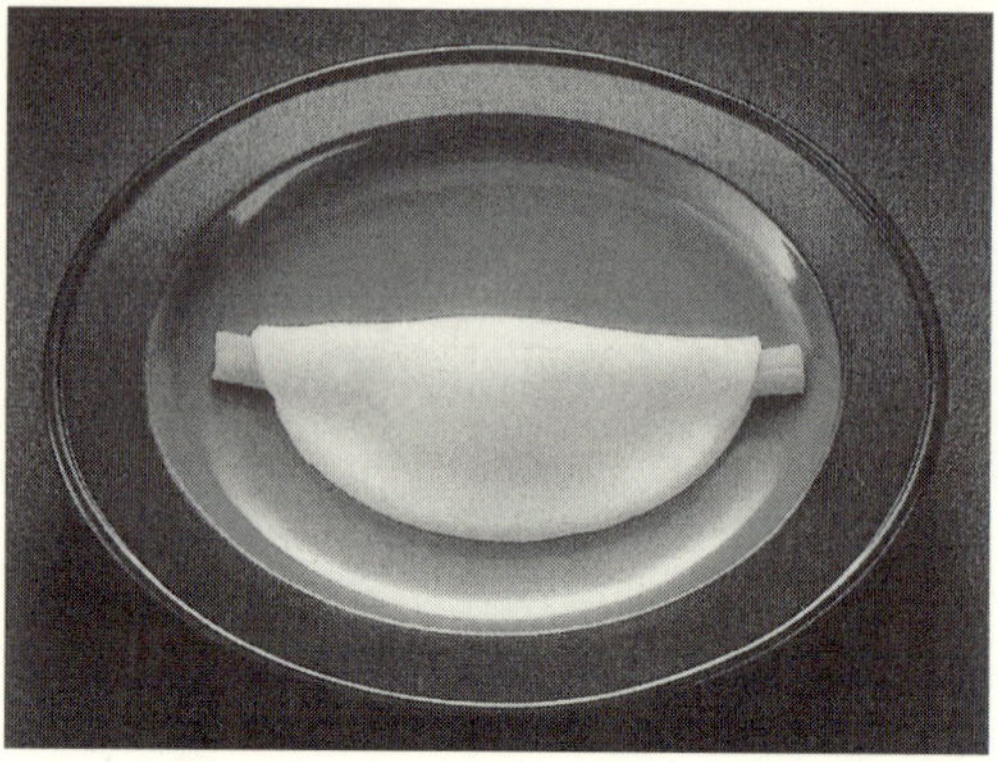

図11　花びら餅

は、私たちの常識を越えています。

正月七日の初釜に間に合わせるために、数日前から夜を徹して餅を搗き、餡を練り、中に包むごぼうを用意するとのことです。餡に使うみその原料豆は丹波産、ごぼうはかつては京都近辺から入手できたらしいのですが、最近は良質のものを得るために、はるばる埼玉県辺りで作られたものを使っているとのことです。

この「花びら餅」は、午前七時の茶事のためには、二日ほど前から準備にかかり、前夜は夜を徹してみそ餡作り等を行ない、朝方やっと、形を整える作業段階に入るということです。茶席で人の口に入る時間を逆算し、丁度、硬さが一番適した時間になるように調整するとのことです。そのためには、茶席の順番にあわせて、配達する箱にも番号を振り、順を誤ることなく茶席へ届けるそうです。

この過程の餅生地中のデンプンの変化を考えると、α-化されていたデンプン分子が緩やかにβ-化し、硬さが最も好ましい状態になるよう時間調節されていることになります。このβ-化の時間は、使用する米のデンプンのアミロース含量、その鎖長により異なるので、この時間設定を予定通り進めるには、原料米の質を見抜き、何百回、何千回という試行錯誤の後にできあがった餅作りの手順に従って、品質が一定になるように進めなければならないでしょう。

何代も前の先人が作り上げた知恵が現在に生きており、その中の最も洗練された成果（生菓）を生み出せる手順が、頑なと思われるほど忠実に守り続けられ、その結果が現在の京都の味を保っているといえます。

参考文献

長内俊一監修『お米の味――その科学と技術』北農研究シリーズⅧ、財団法人北農会、一九八七年

川端道喜『和菓子の京都』岩波書店、一九九〇年

『米のおいしさを科学する』（『農林水産技術　研究ジャーナル』一八巻一号）農林水産技術会議、一九九五年

日本科学会監修『味の秘密をさぐる』丸善、一九九六年

酒井義昭『コシヒカリ物語――日本一うまい米の誕生』中央公論新社、一九九七年

執筆者紹介（現職）

市原謙一（いちはら　けんいち）　京都府立大学大学院農学研究科教授

岩見公和（いわみ　きみかず）　京都府立大学大学院農学研究科教授

上田純一（うえだ　じゅんいち）　京都府立大学文学部教授

大西正健（おおにし　まさたけ）　京都府立大学名誉教授

齊藤和實（さいとう　かずみ）　京都府立大学名誉教授

田中國介（たなか　くにすけ）　京都府立大学名誉教授

辻本善之（つじもと　よしゆき）　京都府立大学大学院農学研究科助手

松井　裕（まつい　ひろし）　京都府立大学大学院農学研究科教授

米林甲陽（よねばやし　こうよう）　京都府立大学大学院農学研究科教授

京の旨味を解剖する

二〇〇四年一一月一五日　初版第一刷印刷
二〇〇四年一一月二五日　初版第一刷発行

編　者　田中國介
　　　　松井　裕

発行者　渡辺睦久
発行所　人文書院
〒六一二-八四四七　京都市伏見区竹田西内畑町九
電話〇七五(六〇三)一三四四　振替〇一〇〇〇・八・一一〇三

装幀　上野かおる
印刷　内外印刷株式会社
製本　坂井製本所

ISBN4-409-54068-8 C1039

http://www.jimbunshoin.co.jp/

近刊

井口和起・上田純一・宗田好史・野田浩資 著

京都観光学のススメ

〈観光〉を考えると、こんなにおもしろい。
「京都と観光」の過去・現在・未来を
社会と歴史の視点から見つめ、
観光のこれからを考える、初めての試み。

目次